Sirviendo a quienes son llamados a servir

Sirviendo a quienes son llamados a servir

Reflexiones y perspectivas sobre la misión, la teoría y la práctica de la educación teológica

Greg Henson
&
Thomas E. Phillips
Editores

DTL Monographs

©Digital Theological Library 2025
Library of Congress Cataloging-in-Publication Data

Greg Henson & Thomas E. Phillips (editores).
[Serving Those Called to Serve: Reflections and Insights into the Mission, Theory, and Practice of Theological Education / Greg Henson & Thomas E. Phillips, editors]

Sirviendo a quienes son llamados a servir: Reflexiones y perspectivas sobre la misión, la teoría y la práctica de la educación teológica/ Greg Henson & Thomas E. Phillips, editores

212 + *xvii* pp. cm. cm. 12.7 x 20.32 (Incluye bibliografía)
ISBN 979-8-89731-234-4 (Print)
ISBN 979-8-89731-228-3 (Ebook)
ISBN 979-8-89731-247-4 (Kindle)
    1.   Seminarios teológicos—Administración
    2.   Instituciones religiosas—Administración
BV4075 .H4618 2025

Este libro de acceso abierto está disponible gratuitamente en varios idiomas en www.DTLPress.com.

Imagen de la portada: Ventana en la Capilla Wesley, Londres
Diseño de la portada: Equipo de DTL

Contenido

Prefacio de la Serie
xi

Prefacio de los Editores
xv

Parte I
El contexto cambiante de la educación teológica
1

Seminario interrumpido
Pak-Wah Lai
3

Dondequiera que termine la educación teológica
B. Yuki Schwartz
15

Colaboración
Brent C. Sleasman
25

Educar para construir comunidades justas y sostenibles
Gabriella Lettini
33

Metamodernismo y educación teológica
Robert J. Duncan, Jr.
41

Parte II
Honrando la sabiduría, las experiencias y las tradiciones del pasado
53

Cimientos
Mark Patterson
55

El Ministerio de la Escucha
Juliet Mousseau
67

¿Es la educación (teológica) una pérdida de tiempo?
Enoh Šeba
71

Reflexiones sobre la banalización del conocimiento
Suheil Laher
79

La sabiduría de los siglos y de los tiempos
Ora Horn Prouser
87

Parte III
Innovaciones en la educación y formación teológica
93

Listos, fuego, apunten
Thomas E. Phillips
95

Practicando la innovación
Shanda Stricherz & Greg Henson
109

Ampliación del acceso a la educación superior
Ian Birch
123

Becarios de liderazgo de Trinity
Roberto Garris
137

Evaluación confiable y formación pastoral
Marjolein de Blois & Greg Henson
143

Parte IV
Sobre las bibliotecas y su papel en la educación teológica
161

Debemos preservar los libros a toda costa
Stanley E. Porter
163

La biblioteca de hoy
Kristin Johnston Largen
169

Adopción de publicaciones de acceso abierto en estudios bíblicos, teológicos y religiosos
Drew Baker
173

Sobre la actualidad y la sensatez de una biblioteca digital y colaborativa
Kyle Roberts
183

El gran beneficio de la biblioteca teológica digital para la institución teológica totalmente en línea
Randall J. Pannell
189

Conectando la transformación institucional y la toma de decisiones
Charisse L. Gillett
195

Seminarios Globales Empoderadores
Thomas E. Phillips
201

Epílogo
Greg Henson & Thomas E. Phillips
209

Bibliografía
211

Prefacio de la Serie

Esta serie, *DTL Monographs*, comparte algunas características comunes con nuestras otras series. Los libros de esta serie, al igual que todos los libros publicados por DTL Press, son de Acceso Abierto, lo que significa que los archivos PDF están disponibles gratuitamente para los usuarios finales, sin costo alguno, desde nuestro sitio web (*www.DTLPress.com*).

Los libros de esta serie, también al igual que todos los libros publicados por DTL Press, están disponibles en formato impreso a través de Amazon.com (y en nuestro sitio web). Y los libros de esta serie, nuevamente al igual que todos los libros de DTL Press, son elaborados por académicos para un público académico informado.

Aunque todos los libros de DTL Press comparten estas tres características (Acceso Abierto, disponibilidad en formato impreso y solidez académica), las series de la editorial difieren en otros aspectos significativos. Esta serie, DTL Monographs, se distingue de nuestra serie Theological Essentials porque los volúmenes de esta serie son de autoría tradicional, es decir, los autores escribieron las obras utilizando métodos tradicionales de autoría y no con la asistencia de inteligencia artificial. Esta serie, DTL Monographs, también se distingue de nuestra serie Open Resources for Global Theological Education, porque los volúmenes de esta serie son publicaciones originales y no traducciones de acceso abierto de obras académicas reconocidas previamente publicadas.

Metas de esta Serie

Rigor: El criterio principal para la evaluación de manuscritos que serán publicados en esta serie es la calidad académica. La editorial publica monografías académicas (incluidas disertaciones revisadas) y libros editados de múltiples autores que se centran en temas relevantes para nuestro público de nivel de seminario. Los libros de esta serie son evaluados por especialistas con experiencia en los campos abordados en la obra.

Originalidad: Los libros de esta serie no han sido publicados anteriormente (en ningún idioma) y no son obras derivadas creadas por inteligencia artificial. Los libros de esta serie hacen contribuciones originales al discurso académico. No se limitan a resumir o introducir debates académicos; los amplían y los hacen avanzar.

Asequibilidad: DTL Press está comprometida con la idea de que el costo no debe ser una barrera para el conocimiento. Todas las personas merecen por igual el derecho a saber y a comprender. Por lo tanto, las versiones electrónicas de todos los libros de DTL Press están disponibles gratuitamente a través de las bibliotecas de DTL, y los libros impresos se ofrecen por una tarifa nominal.

Accesibilidad: DTL Press desea poner a disposición de todas las personas, en cualquier parte del mundo, monografías académicas originales de alta calidad. Por ello, los libros de esta serie se publican en varios idiomas según lo justifique su alcance global. Las traducciones se generarán mediante inteligencia artificial.

Una Invitación

Finalmente, DTL Press es no confesional y publicará obras en cualquier área de los estudios religiosos. Invitamos a autores con una idea o un manuscrito de autoría tradicional a ponerse en contacto con nosotros para publicar en esta serie. Son bienvenidos tanto los volúmenes editados de múltiples autores (incluidos Festschrifts) como las monografías de autor único. Si usted comparte el compromiso de DTL Press con el rigor, la originalidad, la asequibilidad y la accesibilidad, contáctenos para ayudarnos a transformar el mundo de la publicación teológica mediante su contribución a esta serie.

Nota sobre las Traducciones

Quizá sea útil explicar nuestro enfoque en relación con las citas y la documentación. Siempre que es posible, hemos traducido las citas dentro del texto y los comentarios del autor en las notas al pie desde su idioma original al idioma de destino. Sin embargo, por lo general no hemos traducido la información bibliográfica del idioma original al idioma de destino. Nuestra razón para estas decisiones editoriales es sencilla: buscamos equilibrar la necesidad de comprensión del lector respecto a los argumentos del autor (por eso, generalmente traducimos las citas) con la necesidad de que el lector pueda identificar las fuentes de dichas citas y referencias.

Por lo tanto, las citas dentro del texto y los comentarios del autor en las notas suelen estar traducidos, mientras que las referencias bibliográficas no lo están. (En algunos casos, nos hemos desviado de este principio cuando el autor se refiere a un texto muy conocido y disponible en muchos idiomas. En tales casos, los títulos se traducen ocasionalmente).

Con grandes expectativas,
Thomas E. Phillips
Director Ejecutivo, DTL Press

Prefacio de los Editores

Greg Henson
Thomas E. Phillips

Es un placer presentar este breve volumen editado a la comunidad teológica para la edificación de quienes sirven a los que son llamados a servir. Los ensayos de este volumen son diversos: desde reflexiones sobre el valor perdurable de la educación teológica, hasta un elogio a la escritura y lectura de libros, pasando por una discusión sobre el contexto físico y social de la educación teológica, una advertencia contra la banalidad... y mucho más.

Los autores que contribuyeron a este volumen son todos empleados de la Biblioteca Teológica Digital (DTL) o administradores de seminarios miembros de las Bibliotecas Teológicas Digitales. La única otra característica que comparten es su disposición a escribir una reflexión personal habiendo recibido solo el título y subtítulo del libro y esta breve indicación: "Este libro tiene como objetivo compartir la sabiduría colectiva de los líderes de la comunidad DTL en beneficio tanto de los educadores teológicos como de los estudiantes." Así pues, los ensayos han sido solo ligeramente editados y reflejan las perspectivas de profesionales que participan diariamente en la formación de líderes para sus tradiciones de fe y para el mundo. Este volumen no pretende presentar una sola perspectiva ni defender una tesis unificada.

Después de recibir los ensayos, los editores los organizaron en cuatro secciones. La primera parte, "El contexto cambiante de la educación teológica," contiene cinco reflexiones sobre el contexto contemporáneo de la educación teológica, tanto en Estados Unidos como en el extranjero. La segunda parte, "Honrando la sabiduría, las experiencias y las tradiciones del pasado," reúne cinco ensayos sobre la importancia de la educación teológica a la luz de la rica herencia dejada por quienes han moldeado las comunidades de fe que hoy heredamos. La tercera parte, "Innovaciones en la educación y formación teológica," presenta ensayos que proponen nuevos enfoques para atender las necesidades educativas y formativas de estudiantes y líderes religiosos. La cuarta y última parte, "Sobre las bibliotecas y su papel en la educación teológica," ofrece siete ensayos acerca del papel cambiante de las bibliotecas teológicas dentro de las comunidades de fe y sus instituciones educativas.

Cuando los editores concibieron este proyecto, ofrecieron a los colaboradores solo el título provisional y la breve frase de orientación mencionada anteriormente. No se prescribieron temas ni direcciones, y los ensayos no fueron revisados para ajustarse a una agenda editorial. Se invitó a los colaboradores a escribir desde sus propias perspectivas y experiencias, lo que significa que los temas explorados reflejan las preocupaciones e ideas genuinas de los propios autores.

Cabe mencionar una breve nota de procedimiento. En conformidad con las políticas de DTL, normalmente reemplazamos las direcciones URL originales en las notas al pie con enlaces permanentes del Internet Archive. La razón de estas ediciones fue estrictamente práctica: los enlaces permanentes de Archive.org son estables y eliminan el riesgo de pérdida de enlaces con el tiempo. Así, cuando un enlace parece tener dos direcciones combinadas (con dos prefijos http:), en realidad se trata de un solo enlace que dirige al lector al vínculo permanente del archivo. El contenido conservado por el Archivo es idéntico al de la página original en la fecha en que el autor la consultó.

Con este prefacio en mente, ofrecemos este volumen a la comunidad teológica. Que sea bien utilizado por quienes continúan sirviendo a los que son llamados a servir. Que los lectores de este volumen sean desafiados y equipados para servir mejor a sus estudiantes, colegas y comunidades de fe.

Greg Henson
Thomas E. Phillips

Parte I

El contexto cambiante de la educación teológica

La educación teológica no existe en el vacío. Se lleva a cabo en medio de cambios culturales, avances tecnológicos y transiciones institucionales que están transformando el mundo en general. Los ensayos de esta sección abordan directamente estas realidades, describiendo cómo el contexto del ministerio y el aprendizaje ha cambiado y continúa cambiando. Al enfocar estos cambios, las reflexiones nos preparan para considerar cómo la educación teológica puede mantenerse fiel mientras se adapta a las nuevas condiciones.

Seminario interrumpido
Reflexiones sobre el futuro de la educación teológica

Pak-Wah Lai

La última década ha presenciado un descenso persistente de la matrícula en muchos seminarios de Estados Unidos y el Reino Unido. Algunas de las escuelas evangélicas más grandes, como Trinity Evangelical Divinity School (TEDS) y Gordon Conwell, han experimentado una caída del 44-50%, mientras que se prevé que hasta el 50% de las 53 escuelas bíblicas del Reino Unido cierren para 2030.[1] Aunque no existen cifras oficiales, la evidencia anecdótica sugiere un panorama similar, aunque no tan drástico, en los seminarios de Singapur (donde trabaja el autor). Entre las muchas razones de este descenso, una clave la describe con claridad Graham Tomlin, presidente del St Mellitus College: "Los cristianos de hoy estaban menos interesados en dejar sus trabajos para ir a vivir a una universidad durante un curso residencial de tres años, especialmente

---

[1] TED anunció recientemente, en abril de 2025, su adquisición por la Universidad Trinity Western de Canadá. "The Census Enrollment Trends," *In Trust Centre for Theological Schools* (accessed 24 March 2025): https://web.archive.org/web/20250000000000*/https://www.intrust.org/in-trust-magazine/issues/winter-2024/the-census-enrollment-trends; "Trinity Western University and Trinity Evangelical Divinity School expand impact of global Christian education," *Trinity Western University* (accessed 10 April 2025): https://web.archive.org/web/20250000000000*/https://www.twu.ca/news-events/news/trinity-western-university-and-trinity-evangelical-divinity-school-expand-impact.

con mucha menos certeza de conseguir un trabajo en su denominación al finalizarlo".[1]

Este ensayo reflexionará sobre cómo los seminarios llegaron a la situación actual, es decir, a un estado de disrupción, y explorará maneras de afrontar estos desafíos. Comenzaremos considerando la evolución de los seminarios en los últimos 500 años y los desafíos que enfrentan en el siglo XXI. Concluiremos explorando cómo un seminario singapurense, BGST (donde trabaja el autor), está abordando estas preocupaciones en su contexto.

Seminario Evolucionado: Un Estudio Histórico

El concepto moderno de seminario, tal como lo conocemos, se inventó a mediados del siglo XVI, cuando el Concilio de Trento decretó la fundación de seminarios para la formación del clero. El modelo adoptado fue el de los monasterios cristianos, donde los varones (normalmente jóvenes, solteros y célibes) se recluían en comunidades de estudio y formación del carácter. Con el tiempo, este modelo fue adoptado primero por los protestantes de Estados Unidos y el Reino Unido, y posteriormente por muchos seminarios de todo el mundo, con pocos cambios demográficos, hasta las últimas dos o tres décadas.[2]

El siglo XVII presenció el auge de la ciencia moderna, cuya "objetividad crítica" y certeza epistémica pronto se consideraron un referente para todos los estudios académicos, incluidas las humanidades. La educación teológica se vio influenciada por esta influencia a partir del

---

[1] "Are Half of UK Bible Colleges about to Close?" *News Analysis Premier Christianity* (accessed 24 March 2025): https://web.archive.org/web/20250000000000*/https://www.premierchristianity.com/news-analysis/are-half-of-uk-bible-colleges-about-to-close/18058.article.

[2] Justo L Gonzalez, *The History of Theological Education* (Nashville, TN: Abingdon, 2015), 221.

siglo XIX, cuando los seminarios priorizaron el aprendizaje cognitivo.[1] Esto se acentuó a principios de la década de 1930, cuando organismos de acreditación, como la Asociación de Escuelas Teológicas (ATS), comenzaron a obligar a sus miembros a ofrecer formación de posgrado.[2] Esta profesionalización de la educación teológica señala Linda Cannell, separó la formación en el seminario de la praxis teológica de la Iglesia y las comunidades cristianas, y condujo a menudo a un fracaso en la formación del carácter y la espiritualidad de los seminaristas.[3] Como resultado, muchos laicos comenzaron a dudar del valor de la educación teológica e incluso consideraron los "estudios bíblicos y teológicos como un asunto de especialistas", y ya no como una "expresión de amar a Dios con toda nuestra mente".[4] Como advierte Steve Garber:

> Para la mayor parte del mundo, la tarea teológica se ha visto limitada. En Occidente, hemos exportado la distorsión de una teología bifurcada y compartimentada, y muchos, si no la mayoría, de los teólogos asiáticos que enseñan en seminarios han sido teológicamente circuncidados en Occidente.[5]

---

[1] González, 222.

[2] En Asia, muchos seminarios todavía ofrecen licenciaturas en teología, pero el sesgo cognitivo sigue siendo el mismo.

[3] Linda M. Cannell, "Theology, Spiritual Formation and Theological Education: Reflections Toward Application," *Life in the Spirit: Spiritual Formation in Theological Perspective* (ed. George Kalantzis and Jeffrey P Greenman; Downers Grove, IL: InterVarsity Press, 2010), 230-35; Linda Cannell, *Theological Education Matters: Leadership Education for the Church* (Newburgh, IN: EDCOT Press, 2006).

[4] González, *Historia de la educación teológica*, 221.

[5] Steve Garber, "Interdisciplinary Study," 27 January 2023. (Unpublished email).

del siglo XXI: Seminario interrumpido

El siglo XXI trajo consigo aún más disrupciones para los seminarios. En primer lugar, los cambios económicos y demográficos. El costo de la educación teológica ha aumentado significativamente en las últimas tres décadas, mientras que los salarios de los pastores y otros profesionales del ministerio cristiano se han mantenido bajos. El rápido crecimiento de la inflación, sumado al hecho de que muchos seminaristas ahora son hombres y mujeres casados que buscan mantener a sus familias, significa que muchos menos pueden costear estudios residenciales a tiempo completo.

En segundo lugar, los cambios tecnológicos. Con la llegada de la Web 2.0, los contenidos teológicos cognitivos tradicionales, que antes solo estaban disponibles en seminarios presenciales, ahora se ofrecen en una amplia gama de plataformas digitales, desde YouTube y Spotify Podcasts hasta plataformas educativas como Bible Project, SeminaryNow y Coursera. A menudo, estos se ofrecen de forma gratuita o a un precio mucho menor.

En tercer lugar, la percibida irrelevancia de la educación en el seminario. Los graduados del seminario suelen estar sobrecapacitados en contenido teológico cognitivo, con aplicaciones limitadas en el discipulado y el ministerio cristianos. Por otro lado, con frecuencia carecen de capacitación en gestión de personal y habilidades ministeriales, lo que fácilmente ocupa el 80% de su trabajo. Además, la educación teológica suele estar centrada en Occidente o en Estados Unidos, y se centra en preocupaciones occidentales. Como me comentó una vez un teólogo filipino, muchos educadores teológicos con formación occidental suelen verse envueltos en los debates entre calvinistas predestinacionistas y arminianos, mientras que muy pocos han reflexionado teológicamente sobre la pobreza extrema y el sufrimiento que muchos experimentan en el mundo mayoritario.

Según la teoría de la innovación disruptiva, una industria que no atiende adecuadamente a sus clientes suele ser propensa a la disrupción.[1] Este es, sin duda, el caso de los seminarios. Los altos costos financieros de la educación seminarista, la percepción de irrelevancia de la formación seminarista y el hecho de que los contenidos teológicos ahora se ofrecen fácilmente a través de plataformas digitales asequibles, significa que la educación seminarista está siendo revolucionada y reemplazada por contenidos teológicos digitales de tamaño adecuado, disponibles en cualquier momento y lugar, a una fracción del costo y, a menudo, con mayor relevancia.

Ante desafíos tan drásticos, no es fácil para los seminarios reinventarse. En primer lugar, la arquitectura del sistema de la mayoría de los seminarios físicos implica que aún deben invertir millones en el mantenimiento de sus edificios y activos físicos, que, lamentablemente, ahora atienden a cada vez menos estudiantes.[2] En segundo lugar, las decisiones estratégicas en las escuelas suelen estar dominadas por un actor clave: el profesorado de teología. Otros, como los estudiantes, las iglesias y los posibles empleados participan menos en las conversaciones estratégicas. A menos que sean unicornios, la mayoría del profesorado son especialistas, no estrategas familiarizados con cómo alinear la estrategia y los productos de una escuela con las necesidades del mercado (por ejemplo,

---

[1] Tony Ulwick, "When Is a Market Ripe for Disruption?" *Strategyn* (27 February 2012): https://strategyn.com/when-is-a-market-ripe-for-disruption/. Para más detalles sobre la innovación disruptiva, véase Joshua Gans, *The Disruption Dilemma* (Cambridge: MIT Press, 2017), 36.

[2] Gans, *The Disruption Dilemma*, 55.

estudiantes, iglesias u organizaciones cristianas). Además, los teólogos, como la mayoría de los especialistas del sector, suelen priorizar el aprendizaje teológico y los programas educativos que son interesantes e importantes para ellos mismos, pero que tienen poca relevancia para las necesidades de las iglesias y los cristianos comunes. Al reflexionar sobre mis 15 años como educador teológico, este es a menudo el error que cometo. Mi sesgo teológico es enseñar más contenidos cognitivos y técnicos en la historia de la iglesia, y pensar menos en la formación de habilidades espirituales y ministeriales de nuestros estudiantes.

En tercer lugar, en crisis como esta, se requiere un liderazgo valiente, sabio y experimentado. Sin embargo, a menudo es difícil reclutar a un director/presidente con estas características. El candidato no solo debe tener una formación teológica avanzada (por ejemplo, un doctorado), sino también ser competente en estrategia, marketing, gestión de operaciones, recaudación de fondos y gestión de personal; en otras palabras, un unicornio. Como comenta un compañero director, el equipo docente simplemente no es el canal natural para desarrollar al presidente de la próxima generación. En conjunto, estos factores dificultan enormemente que los seminarios se redefinan y se alineen para servir mejor a sus grupos de interés.

Reinventando la educación teológica

Todos los seminarios operan en diferentes contextos teológicos, geopolíticos, culturales y organizativos. Sus vocaciones particulares también difieren. Por consiguiente, sus prioridades y enfoques estratégicos deben adaptarse en consecuencia. Este es sin duda el caso de BGST, que presento ahora como ejemplo de cómo un seminario en Singapur intenta reinventar su forma de impartir educación teológica, manteniéndose fiel a su visión original.

Fundado en 1989 por dos iglesias bíblica-presbiterianas (BP), BGST es ahora conocido como una escuela evangélica donde anglicanos, metodistas, presbiterianos, hermanos, luteranos, BP y otros aprenden juntos y de los demás. Nos diferenciamos de otros seminarios locales en que la misión de la escuela no es formar pastores y misioneros (aunque son muy bienvenidos), sino brindar educación teológica de posgrado para cristianos del mercado laboral, para que puedan ser "teológicamente maduros y profesionalmente competentes" dondequiera que Dios los llame.[1] Hasta el día de hoy, la mayoría de nuestros estudiantes trabajan en la administración pública, escuelas, sectores tecnológicos, industrias financieras, etc. Muchos menos se dedican a ministerios cristianos profesionales, participando en el pastorado o en el trabajo misionero. Sin embargo, lo que todos tienen en común es que son estudiantes a tiempo parcial (es decir, estudian en clases nocturnas y de fin de semana) y requieren un entorno de aprendizaje flexible que se adapte a sus múltiples compromisos laborales, ministeriales y familiares.

Si bien se puede decir mucho sobre cómo la escuela gestiona su legado y contextos, me centraré en un solo aspecto: ¿cómo está BGST reestructurando y rediseñando sus programas y cursos teológicos para que su público principal, los cristianos del mundo laboral, puedan ser embajadores más eficaces de Cristo (2 Corintios 5:20) en la Iglesia y sus diversos entornos laborales? Para que los cristianos puedan mediar el amor, la verdad y la santidad de Cristo dondequiera que trabajen y sirvan.

---

[1] Agradezco a Steve Garber por este resumen conciso de por qué capacitamos a los cristianos del mercado.

En primer lugar, reconocemos que no somos iglesias locales y, por lo tanto, no podemos proporcionar el entorno natural para el discipulado continuo. Sin embargo, como iglesia paraeclesial, podemos apoyar a las iglesias con servicios educativos especializados para que puedan discipular mejor a sus cristianos del mundo laboral. Mi analogía para esto es la relación entre los médicos de familia y los especialistas médicos. Los médicos de familia atienden las necesidades médicas generales y diarias de la mayoría de las personas, pero a veces requieren la ayuda de especialistas médicos y cirujanos para tratar dolencias específicas.

En segundo lugar, buscamos ser fieles a nuestro legado y visión: BGST está llamado a servir a los cristianos del mercado laboral. Sin embargo, para ser eficaces, debemos aceptar que la mayoría de los cristianos del mercado laboral nunca necesitarán estudios de posgrado para cumplir con su llamado. Por lo tanto, estamos emprendiendo un proceso para dimensionar y diseñar adecuadamente nuestra capacitación, desde el desarrollo de talleres y prácticas más breves hasta la creación de módulos de aprendizaje digital breves para grupos pequeños de la iglesia, con el fin de poder llegar y capacitar a más cristianos del mercado laboral.

En tercer lugar, lo anterior se sustenta en el reconocimiento de que los cristianos que trabajan en el mundo laboral no solo necesitan formación teológica, sino también formación espiritual y ministerial, lo que popularmente se conoce como la formación de "Cabeza, Corazón y Manos". Los cristianos no solo deben conocer intelectualmente a nuestro Dios Trino, sino también crecer en su amor experiencialmente y servir a su pueblo eficazmente. Esto exige una formación espiritual y ministerial sustancial para que los estudiantes estén mejor preparados para servir y liderar, lo cual suele ocupar hasta el 80% de su trabajo y ministerio. Sin embargo, esta formación práctica a menudo no cumple con los estándares de los organismos de acreditación. Un sistema de acreditación con el que el autor está familiarizado, por ejemplo, permite que solo el 10% de un programa teológico se componga de créditos de prácticas. No obstante, para ofrecer una formación más eficaz, aceptamos que debemos operar dentro de dichas limitaciones de acreditación y ofreceremos cursos no acreditados.

En cuarto lugar, para ser embajadores efectivos de Cristo, los cristianos que trabajan en el mundo laboral deben liderar eficazmente tanto a nivel personal como como líderes de opinión. El liderazgo personal se basa en su autoliderazgo y espiritualidad. Para abordar esto, BGST ha comenzado a ofrecer servicios de dirección espiritual y formación para profundizar la vida de oración y el amor a Cristo de nuestros estudiantes. El liderazgo teológico requiere un entorno de aprendizaje teológico donde los estudiantes puedan reflexionar constantemente sobre cómo contextualizar su fe en el trabajo y en sus industrias. Para ello, estamos reestructurando nuestros cursos de posgrado para que los estudiantes puedan reflexionar críticamente sobre las implicaciones de su aprendizaje teológico en el mundo laboral. También se están diseñando talleres más breves de microcredenciales con los mismos fines.

Conclusión

El siglo XXI es el peor y el mejor de los tiempos para los seminarios. Es el peor porque estamos descubriendo que la forma en que impartimos educación teológica está siendo cuestionada y se considera cada vez más irrelevante. De hecho, la existencia de no pocas escuelas está en duda. Sin embargo, también es el mejor de los tiempos porque la crisis nos obliga a repensar qué significa brindar una educación teológica efectiva e impactante. En lugar de resignarnos a la disrupción, podemos aprovechar esta oportunidad para transformarnos y así poder equipar mejor a los cristianos para que participen en los propósitos de Dios para ellos (Efesios 2:10). Lo que he sugerido anteriormente para BGST está estructurado y diseñado de acuerdo con los contextos particulares de la escuela; somos pequeños y con recursos limitados, evangélicos/no confesionales, y servimos a una clientela particular: los cristianos del mercado. Sin embargo, la transformación en otros seminarios será muy diferente según sus contextos específicos. ¡Es mi oración que la historia de BGST pueda brindar algo en qué pensar sobre cómo otros pueden adaptarse y transformarse para servir mejor al reino de Dios!

El Dr. Lai Pak Wah es director y profesor de Historia de la Iglesia y Teología del Mercado en la Escuela Bíblica de Posgrado en Teología (BGST). El Dr. Lai ha impartido docencia e investigado en una amplia gama de temas, incluyendo la historia de la iglesia primitiva, la ciencia y la fe, la medicina china, las disrupciones digitales, la ética del mercado y el liderazgo. También es autor de *The Dao of Healing: Christian Perspectives on Chinese Medicine* y coach certificado de Belbin. Él y su familia asisten a la Iglesia Presbiteriana Bíblica Monte Carmelo, donde es el anciano que supervisa la evangelización y el desarrollo del liderazgo.

La visión de **la Escuela Bíblica de Posgrado en Teología** (Biblical Graduate School of Theology) es capacitar a cada cristiano para ser un embajador de Cristo en la Iglesia y en sus entornos laborales. La escuela ofrece una amplia gama de formación para estudiantes de entornos laborales, desde estudios de posgrado hasta formación espiritual, formación de liderazgo y discipulado.

Dondequiera que termine la educación teológica
"¿Dónde estás ubicado ahora?"

B. Yuki Schwartz

Siempre que realizo algún tipo de compromiso público representando a la Escuela de Teología de Claremont (CST) como miembro de la oficina del decano, surge la misma pregunta: *"¿Dónde se encuentra ahora?"*

Es una pregunta lógica, considerando las numerosas mudanzas que ha realizado la escuela. En los últimos 10 años, CST se ha mudado de Claremont, California, a Oregón, luego de regreso a Claremont y, finalmente, a nuestra sede actual en el oeste de Los Ángeles. CST también ha creado programas internacionales y cuenta con estudiantes de docenas de países diferentes entre su población estudiantil, lo que añade nuevas dimensiones a nuestro pasado y presente itinerante.

CST no ha sido la única escuela teológica en los EE. UU. que ha lidiado con la reducción de tamaño, el traslado del campus o la pérdida de propiedad institucional. En su libro *Attempt Great Things for God (Intenta grandes cosas para Dios),* Chloe T. Sun nombra a CST entre otros seminarios principales que han abandonado grandes campus para fusionarse con otras instituciones como universidades o grandes iglesias o han cerrado por completo. Dichos movimientos son "signos de los tiempos que incluyen la disminución de la matrícula y las continuas dificultades financieras" que enfrentan muchas instituciones de aprendizaje teológico de los EE. UU.[1] Los exalumnos, el profesorado, los partidarios y los futuros estudiantes de la educación teológica están planteando preguntas o inquietudes sobre lo que significa para su futuro el traslado de una escuela de un gran campus con docenas de edificios a unas pocas salas que suman unos pocos miles de pies cuadrados. Al igual que sus antepasados bíblicos, se preguntan cómo cantar las canciones de las tradiciones religiosas y espirituales a orillas de ríos que no son las tierras ancestrales de su denominación o comunidad.

Se trata de una cuestión tanto afectiva como pragmática. El lugar donde se imparte la educación teológica es tan importante para estudiantes, profesorado, personal y exalumnos como lo que enseña la educación teológica. Nuestro desarrollo vocacional, o nuestra apertura a las infinitas potencialidades y posibilidades de sus vocaciones como académicos, profesionales religiosos y líderes con una profunda espiritualidad, se desarrolla literalmente en aulas cuyas ventanas se abren a vistas de manzanas de la ciudad o exuberantes jardines, entre estanterías de bibliotecas y en acogedores dormitorios universitarios o apartamentos estudiantiles. Nos duele dejar esos espacios y nos lamentamos cuando los perdemos. Nos preguntamos: ¿Cómo creamos las intimidades que caracterizan a la educación teológica cuando no tenemos el espacio para hacerlo?

No hay vuelta de hoja: la educación teológica ha llegado a su fin, tanto en el tiempo como en el espacio. Pero lo que la educación teológica está aprendiendo es que es al final donde las intimidades del devenir florecen con mayor

---

[1] Chloe T. Sun, *Attempt Great Things for God: Theological Education in Diaspora* (Theological Education Between the Times; Grand Rapids: William B. Eerdmans Publishing Company, 2020), 41.

fuerza, "donde la potencialidad fluida de cada realidad, de cada criatura, se realiza en la limitación".[1] Más que el fin de una historia de dominio occidental en la educación teológica, la pérdida de propiedad invita a una reflexión seria y a la creación de nuevas prácticas para la educación teológica dondequiera que ocurra, porque este *topos* ha definido las identidades religiosas y coloniales, y sus significados de éxito durante generaciones.

Seamos honestos: esta falta de hogar, este vagabundeo, esta sensación de extravío en territorios no reconocidos y en disputa en los que nos encontramos educadores y estudiantes no es nueva. Los académicos teológicos han investigado y siguen investigando lo que sus tradiciones espirituales dicen sobre las diásporas, las migraciones, las experiencias fronterizas, los desplazamientos, los exilios, los genocidios y las colonizaciones. Cada vez más estudiantes inician sus estudios teológicos con experiencias íntimas de la violencia, el hambre, el terror y las agresiones que se producen por la pérdida de tierras, que incluye conquistas militares y políticas, la neocolonización económica y los exilios económicos de la falta de vivienda. La pérdida de propiedad de una institución multimillonaria no se compara con lo que han vivido o viven. Pero sí nos invita a quienes trabajamos en las oficinas que crean las estructuras de apoyo para estudiantes, profesores y personal a reimaginar cómo aprender y prosperar cuando ningún lugar es permanente y todo es posible. El fin de la educación teológica también puede ser una meta para aprender en lugares donde antes no hemos ido.

---

[1] Catherine Keller, *Face of the Deep: A Theology of Becoming* (Nueva York y Londres: Routledge, 2003), 7.

Es decir, tenemos la oportunidad de intentar aprender coralmente.

Aprender coráticamente, o aprender de la *chora*, las profundidades de los espacios vacíos o incipientes que existen fuera de las estructuras tradicionales o dominantes del ordenamiento significan reconocer y vivir desde la intermediación del momento en el que nos movemos íntimamente. En su impactante libro *Escatología y Espacio*, Vitor Westhelle conecta la chora con el *kairós* de las teologías políticas cristianas. Mientras que *el kairós* se refiere a las profundidades del tiempo que se despliegan y se filtran más allá del reloj o el calendario, la *chora* son los espacios florecientes y multitudinarios que no pueden permanecer contenidos dentro de los límites y fronteras de la geografía. La *chora* no es la utopía de los cielos ni la eutopía de la fantasía (ni siquiera la distopía de la ciencia ficción). La *chora* es el espacio escatológico que existe aún no aquí y no del todo allí. Westhelle escribe:

> Los espacios coráticos son espacios de transición y, por lo tanto, de prueba. Son márgenes donde pueden surgir posibilidades, pero donde lo trágico, lo terrible acecha, y la aniquilación es inminente. Esto explica por qué en estos espacios la esperanza y la desesperación están tan estrechamente asociadas y por qué son espacios religiosos por excelencia, donde la fascinación y el terror se encuentran, como en la acertada descripción de lo sagrado de Rudolf Otto: *fascinans et tremendum*.[1]

No se me ocurre una mejor descripción del aprendizaje teológico actual, cuando menos estudiantes y profesores pueden trasladarse a las sedes de sus escuelas teológicas. Los estudiantes ya están aprendiendo

---

[1] Vitor Westhelle, *Eschatology and Space: The Lost Dimension in Theology Past and Present* (Nueva York: Palgrave Macmillan, 2012), 100-01.

coralmente mientras intentan equilibrar sus estudios con las responsabilidades laborales, familiares, pastorales y comunitarias, todo lo cual ocurre en sus respectivos ámbitos. La demanda estudiantil de cursos en línea en lugar de presenciales nace de estas necesidades corales. El aprendizaje coral conjunto reconoce los peligros e inestabilidades que enfrentamos para preguntarnos qué es necesario para que todos los miembros de la comunidad de aprendizaje puedan coenseñar y coaprender juntos en este espacio aún no formado, mediante cualquier táctica que creemos. Las formas de aprendizaje del pasado, como las clases presenciales o los programas residenciales, no se pierden, sino que ocurren junto con la lamentación por el pasado, los experimentos del presente y las imaginaciones llenas de esperanza de lo que está por venir, donde sea que venga. Similar a la imaginación diaspórica feminista que describe Kwok Pui-lan, que negocia "un pasado ambivalente, aferrándose a fragmentos, recuerdos, culturas e historias para soñar con un futuro diferente",[1] el aprendizaje coral imagina y practica la educación de maneras contradictorias y múltiples, aportando perspectivas y voces interseccionales para dar forma a nuestras posibilidades. La educación teológica coral surge de la pérdida o transición de espacios y certezas, y habita y trabaja en solidaridad con el alumnado y las comunidades que lo rodean.

Debido a que el aprendizaje coral ocurre en proceso, o mientras que en las prácticas diarias de diferentes miembros de la comunidad se encuentran para enseñar y aprender juntos, la intencionalidad es vital. La intencionalidad es el esfuerzo concertado de hacer visible lo

---

[1] Kwok Pui-lan, *Postcolonial Imagination and Feminist Theology* (Louisville: Westminster John Knox Press, 2005), 48.

que se asumía (como los hábitos de estudio, la alfabetización tecnológica y las nociones euroamericanas sobre la gestión del tiempo), a favor de recuperar formas invisibilizadas de saber y aprender y experimentar con lo que funciona para diferentes cuerpos y neurotipos. La comunidad que una vez surgió debido a la proximidad se convierte a través del esfuerzo y la deliberación. Las oportunidades y los espacios se crean con el propósito de ayudar a los estudiantes a aferrarse y animarse mutuamente, en lugar de dejar que se ahoguen. Eso es parte de la conservación de la memoria de la *chora,* re-cordando a las víctimas de la marcha del progreso histórico que valoró el crecimiento como seguro contra un futuro incierto, y dejando que los heridos y perdidos nos guíen para imaginar el mundo de otra manera.

Westhelle señala que la teología rara vez se enfrenta a la realidad de la escatología, o a los genocidios del mundo real, los conflictos fronterizos, los barrios y el sufrimiento que gran parte del mundo experimenta, incluidos muchos miembros de las comunidades de aprendizaje teológico.

> Los vencedores no quieren hablar escatológicamente sobre un tema que solo sus víctimas tienen derecho a reclamar, un derecho que perseguirá a cada generación hasta que se haga justicia. Y esta justicia, esta justificación, esta justificación, solo puede ser el destino de quienes han pasado por la travesía escatológica.[1]

Es apropiado, entonces, que los espacios de aprendizaje teológico nos encontremos ahora en la misma *situación* que nuestros sujetos y estudiantes. Nuestra liberación está claramente ligada a la de ellos; no podemos ser rectos hasta que contribuyamos a que los mundos en los que viven también lo sean.

---

[1] Westhelle, *Eschatology and Space*, 139.

Actualmente, existe una pequeña industria artesanal en la educación teológica orientada a ayudarnos a imaginar o inventar el futuro, aún basada en las métricas del pasado, arraigadas en el crecimiento numérico y la influencia institucional. ¡Se están llevando a cabo muchos experimentos y eso me entusiasma! Pero al leer sobre diferentes opciones y estrategias para el futuro, recuerdo la descripción de Westhelle sobre las tácticas para navegar el escatón, en contraposición a las estrategias de los imperios. Basándose en la obra de Michel de Certeau, Westhelle escribió que las tácticas son las formas en que luchamos hasta el final, presentes en las prácticas y trabajos de la vida cotidiana y en las auténticas intimidades que surgen de ellas. Nada de esto se puede inventar, sino que solo puede ocurrir en la práctica. El próximo paso en la educación teológica podría ser encontrarnos con los estudiantes en sus lugares y permanecer allí con ellos para ver qué se genera con ellos.

Esto no significa dejar atrás lo que teníamos. Las fotos de nuestro antiguo campus aún cuelgan en nuestro nuevo espacio, y con frecuencia recordamos los momentos íntimos que creamos como comunidad, incluso mientras recorremos juntos otros nuevos. Estas fotos e historias nos invitan a preguntarnos: ¿Qué queremos recordar de ese espacio? ¿Cuál fue el costo de estar allí? ¿Cómo era ese nuestro espacio cuando existía en tierras indígenas robadas, de todos modos? ¿Cómo tomamos los temas que estudiamos sobre la pérdida del *topos* y los convertimos en pedagogías y epistemes de *chora*? ¿Cómo resistimos los llamados a simplemente crear otra instancia de imperio y, en cambio, honramos el coraje de nuestros compañeros de aprendizaje y de nuestros profesores para aprender *choratically*?

No tengo respuestas para esto, ya que aún se están creando en los espacios comunitarios inacabados y en proceso que conforman la educación teológica actual. Westhelle termina su libro con una pista sobre dónde podríamos buscar juntos los próximos pasos. Pinta la imagen de estar en medio de un espacio público concurrido e insta a sus lectores a permanecer en el caos y observar a quienes no pueden salir de él, a los desamparados y a los perdidos. Escribe:

> Solo ellos… son quienes te indicarán con gracia la salida o te invitarán a quedarte. Y recuerda que podrías perder la capacidad de distinguir entre una entrada y una salida, lo bello y lo deplorable, ya que ambos están equidistantes del mismo principio y del mismo fin.[1]

Los estudiantes de educación teológica ya están en la *chora*. Al encontrarnos con ellos allí y reimaginarnos para servirles donde los encontramos, existe una esperanza para la educación teológica dondequiera que encontremos nuestros fines.

---

[1] Westhelle, *Eschatology and Space*, 140.

B. Yuki Schwartz es profesor asociado de teologías constructivas y espiritualidades, y decano asociado de asuntos académicos y evaluación en la Escuela de Teología de Claremont.

La Escuela de Teología Claremont (Claremont School of Theology) es una institución teológica privada de posgrado en California, fundada en 1885 (originalmente como la Escuela de Teología Maclay) e históricamente afiliada a la Iglesia Metodista Unida. Ubicada actualmente en Los Ángeles, tras su traslado de su campus original en Claremont, la CST se posiciona en la intersección del rigor académico, la práctica religiosa y la transformación social. Si bien tiene sus raíces en la herencia metodista, promueve el compromiso ecuménico e interreligioso, formando líderes que buscan la justicia, la pertenencia y la compasión en diversas tradiciones. Sus programas incluyen maestrías, doctorados y títulos ministeriales, y su currículo enfatiza las teologías contextuales, el diálogo interreligioso y la praxis en la vida pública.

Colaboración
Misión Un Reino, Un Rey, Un Reino

Brent C. Sleasman

Aceptar el llamado a presidir el Seminario Teológico Winebrenner implicó varias transiciones importantes: dejar un puesto de profesor titular para asumir un rol de liderazgo ejecutivo, mudarme de Pensilvania a Ohio y pasar de la educación de pregrado al posgrado. También pasé de centrarme en una sola disciplina, la comunicación humana, a involucrarme en el campo más amplio de la educación teológica.

Esta transición implicó cambios tanto tangibles como intangibles. Los factores tangibles incluyeron las responsabilidades del puesto, su lugar dentro de la estructura organizativa y la reubicación geográfica. Un intangible importante fue la postura hacia las escuelas pares. En una industria a menudo marcada por la ansiedad ante el "precipicio demográfico", otras escuelas eran vistas con demasiada frecuencia como competidoras, y el reclutamiento de estudiantes se convirtió en un juego de suma cero. En contraste, este ensayo presenta una visión diferente, que requirió un nivel significativo de "desaprendizaje" y reaprendizaje, y representa una de las perspectivas más significativas que deseo transmitir a otros en el campo de la educación teológica. Esta visión prioriza la colaboración y la asociación sobre la competencia.

Antes de profundizar, es importante mencionar algunos supuestos que enmarcan mis reflexiones. Estos no pretenden ser prescripciones universales, sino un contexto para el cambio organizacional de Winebrenner y mi propia trayectoria de liderazgo. En primer lugar, en Winebrenner, interpretamos el término "teológico" en la Biblioteca Teológica Digital como un reflejo de una perspectiva cristocéntrica. El discipulado es nuestra tarea principal. En segundo lugar, afirmamos que el Antiguo y el Nuevo Testamento son fundamentales para guiar nuestra misión. Estos dos supuestos determinan cómo entendemos y llevamos a cabo nuestro trabajo.

Misión Un Reino, Un Rey, Un Reino

Un enfoque del liderazgo organizacional centrado en Jesús y con fundamento bíblico lleva a conclusiones significativamente diferentes a las que encontré como profesor universitario. En lugar de obligar a los estudiantes a elegir un conjunto limitado de opciones, podemos ampliar las posibilidades integrando convicciones teológicas en nuestro liderazgo. La Escritura transforma nuestras prácticas organizacionales, llevándonos de una mentalidad competitiva a una de colaboración, y de la rivalidad a un propósito compartido. Si bien aún operamos en un entorno competitivo, la educación teológica se beneficia mucho más de la sabiduría compartida y el apoyo mutuo que de la rivalidad organizacional. A continuación, se explora cada elemento de la frase guía: *Un Reino, Un Rey, Una Misión del Reino*.

Un reino

Aceptar el relato de la creación del Génesis como verdadero nos lleva a reconocer que, desde el principio, solo ha habido un reino: el de Dios. Sin embargo, la narrativa bíblica revela el creciente deseo de Israel de imitar a las naciones vecinas, lo que culminó en su exigencia de un rey humano. Las palabras de Dios a Samuel en 1 Samuel 8:7 son impactantes: "No te han rechazado a ti, sino a mí como rey". Toda sesión de planificación estratégica o retiro de gobierno debe comenzar recordando que somos participantes del reino ya establecido de Dios.

Esta conciencia requiere humildad. No somos los arquitectos de nuestros propios reinos, sino que nacemos en el de Dios. Una pregunta sencilla y reflexiva ayuda a mantener esta perspectiva firme: *¿Creo realmente que el reino de Dios prevalece sobre mis propias ambiciones o sobre las de Winebrenner?*

Esta humildad se profundiza cuando reconocemos que la misión de Dios continúa, con o sin nosotros. Ester 4:14 se cita con frecuencia: "¿Quién sabe si para un momento como este has llegado a tu posición real?". Pero con demasiada facilidad pasamos por alto la primera parte del versículo: "Si callas en este tiempo, de algún otro lugar surgirá alivio y liberación para los judíos...". En resumen, los propósitos de Dios no dependen de nuestra supervivencia ni de nuestro éxito. Su reino perdura, aunque nuestras organizaciones no lo hagan.

Un rey

Para cumplir su propósito divino, Dios designó a su Hijo, Jesús, como Rey de su reino singular. Apocalipsis 17:14 y 19:16 afirman que Jesús es el "Rey de reyes". Su centralidad en la obra del Reino es innegable. Por eso, la Asociación de Escuelas Teológicas (Association of Theological Schools) enfatiza la formación espiritual y bíblica, y el estudio del Antiguo y el Nuevo Testamento sigue siendo esencial para los educadores y estudiantes de teología. El Antiguo Testamento sienta las bases; el Nuevo Testamento revela a Jesús cumpliendo la misión del Reino de Dios.

Por supuesto, no todos los que trabajan en la educación teológica sitúan a Jesús en el centro. Lo que ofrezco aquí es una perspectiva particular, arraigada en una visión cristocéntrica.

Esta perspectiva también requiere humildad. Aunque dirijo un seminario, lo hago bajo el liderazgo supremo de Jesús. El liderazgo puede aislar, pero recordar que Jesús es el Rey me invita a una conversación constante con él sobre los desafíos, las responsabilidades y el cuidado de quienes dirijo. También me opone a los valores culturales que idolatran a los líderes. Cuando decimos: "Hay un Rey, y yo no soy él", damos un paso valiente para alejarnos del egocentrismo y acercarnos a una orientación cristocéntrica.

Misión Un Reino

Reconocer la preexistencia del Reino de Dios y la autoridad de Jesús como Rey plantea una pregunta esencial: *¿Cómo podemos participar en la obra continua del Reino de Dios?*

Esta pregunta contrasta marcadamente con preguntas comunes en las juntas directivas, como "¿Cuál es nuestra misión?" o "¿Cuál es nuestro plan estratégico?". En lugar de inventar una misión, estamos llamados a administrar la que Dios ya comenzó. Esto significa reconocer que el Reino de Dios antecede a nuestras organizaciones y afirmar que Jesús, y no un presidente ni una junta directiva, es el verdadero líder del seminario.

Esta mentalidad incluso reorienta el proceso de contratación. En lugar de priorizar a candidatos con identidades profesionales limitadas y buenas prácticas importadas de otros sectores, buscamos personas que reconozcan la misión de Dios ya en acción y estén deseosas de explorar su expresión única en nuestro contexto.

Esto también nos lleva a otra pregunta: ¿Puede una misión ser "cumplida"? ¿Puede la misión de un seminario ser "completada"? Desde la perspectiva del Reino, la respuesta es "sí". Una escuela puede cerrar mientras la misión de Dios continúa. Si bien tales cierres implican pérdidas, no debemos confundir el dolor humano con el desarrollo más amplio de la obra de Dios.

Cada escuela tiene su propia historia; sin embargo, los datos de ATS muestran que la mayoría de los estudiantes solicitan ingreso a una sola institución, lo que indica que nuestro principal desafío no es la competencia con otras instituciones, sino la desconexión con la educación teológica. Mi propio pensamiento sigue alejándose de perseguir una "misión única" y se centra en abrazar la misión de Dios, que ya está en desarrollo.

¿Y cuál es esa misión? En una palabra: discipulado. (Véase Mateo 28 y Lucas 4).

Colaboración
Donde la mayordomía se encuentra con el discipulado

Las personas suelen abandonar las iniciativas de colaboración por preocupaciones sobre la imagen de marca, desacuerdos financieros, falta de imaginación o resistencia al cambio. Me he topado con todo esto. Al principio de mi carrera, la mentalidad predominante era competitiva: los estudiantes elegían una universidad, y eso significaba que otra perdía. Este pensamiento de suma cero se ve reforzado por las clasificaciones de la educación superior que priorizan la exclusividad sobre el acceso.

Pero el Reino de Dios es eterno, mientras que nuestros métodos deben ser flexibles y receptivos. Un cambio pequeño pero importante es reconsiderar lo que medimos. En lugar de preguntarnos "¿Quién 'contabiliza' al estudiante?", podríamos preguntarnos: "¿Cuántas colaboraciones estamos cultivando?" o "¿Cuántos de nuestros estudiantes toman clases en otros lugares?". Estas preguntas nos impulsan a repensar sistemas y métricas obsoletos en favor de valores orientados al Reino.

La colaboración también requiere que mantengamos costos bajos y construyamos estructuras adaptables que den la bienvenida a la innovación. Con demasiada frecuencia, los desacuerdos teológicos resultan en guerras culturales combativas que nos dividen. Necesitamos nuevas metáforas; necesitamos un lenguaje arraigado en los ecosistemas y el florecimiento mutuo, no en divisiones militaristas.

Aunque muchos hablan de colaboración, pocos la practican profundamente. Sin embargo, las Escrituras nos invitan a la hospitalidad, al propósito compartido y a la colaboración en el Reino. Cuando dejamos de vernos como competidores y empezamos a vernos como colaboradores, se abren nuevas posibilidades de impacto y fidelidad.

Conclusión

Mi trayectoria como presidente del Seminario Teológico Winebrenner me ha enseñado que las Escrituras deben moldear mi liderazgo. Esto significa alinear mis convicciones teológicas con mi forma de dirigir la institución. Los principios aquí descritos se aplican en una amplia gama de entornos, desde iglesias hasta denominaciones, campamentos eclesiásticos y seminarios. Nuestro objetivo debe ser desarrollar un sistema operativo compartido, arraigado en el discipulado y diseñado para la flexibilidad, que ofrezca múltiples caminos para los estudiantes y seguidores de Jesús.

En *Designing the New American University,* Michael Crow y William Dabars describen el "isomorfismo", la tendencia de las instituciones a imitarse entre sí. Esta dinámica también está presente en la educación teológica. Tanto las presiones financieras internas como las fuerzas externas llevan a los seminarios a adoptar modelos similares, lo que irónicamente socava su verdadera singularidad. La innovación requiere valentía, especialmente por parte de las juntas directivas y los presidentes.

Para resistir esta tendencia, debemos recuperar nuestra singularidad y audacia. Cuando abrazamos nuestras historias únicas y mantenemos a Jesús en el centro, expandimos nuestra capacidad creativa para participar en la misión del Reino de Dios en desarrollo.

Brent C. Sleasman es presidente del Seminario Teológico Winebrenner (Winebrenner Theological Seminary) en Findlay, Ohio. Sus investigaciones y escritos examinan aspectos de la filosofía de la comunicación tal como se expresa en diversos contextos religiosos y organizacionales. Es coeditor de *Sacred Rhetoric: Discourses in Identity and Meaning*, autor de *Albert Camus' Philosophy of Communication: Making Sense in an Age of Absurdity* y editor de *Creating Albert Camus: Foundations and Explorations of His Philosophy of Communication*. Además, es autor colaborador de *Communication Theory and Millennial Popular Culture, The Electronic Church in the Digital Age, Phoenix Rising, The Sage Encyclopedia of Identity* y *The Social History of American Families*. Forma parte del consejo editorial del *Journal of Communication and Religion*.

El Seminario Teológico Winebrenner fue establecido en 1942 como una escuela de posgrado de teología de Findlay College (renombrada Universidad de Findlay en 1989). El Seminario Teológico existe para *equipar líderes para el servicio en el reino de Dios*. Winebrenner fue fundado por las Iglesias de Dios, Conferencia General (CGGC), una denominación evangélica con sede en Findlay, Ohio. El Seminario deriva su nombre del fundador de la denominación, John Winebrenner, quien estableció el grupo en 1825 en Harrisburg, Pensilvania. Winebrenner continúa sirviendo a la CGGC como su único seminario, así como a estudiantes de diversos orígenes denominacionales. En 1961, Winebrenner recibió su carta constitutiva del Estado de Ohio, para convertirse en una organización independiente que otorga títulos y hoy se encuentra junto a la Universidad de Findlay. Las prioridades estratégicas actuales incluyen un énfasis en la Mayordomía, el Discipulado y la Colaboración.

Educar para construir comunidades justas y sostenibles

Gabriella Lettini

A veces me considero la "Decana Accidental". Nunca tuve aspiraciones vocacionales de ser administradora académica hasta que la Rev. Dra. Rebecca Parker, entonces presidenta de la Escuela Starr King para el Ministerio (SKSM) en Berkeley, California, un seminario unitario universalista y multirreligioso, me pidió que sirviera como tal. Llegué a SKSM para ser educadora, atraída por el trabajo de la Dra. Parker, quien había escrito que el propósito de la educación es la humanización en el contexto de fuerzas y realidades deshumanizantes y presenciar la presencia permanente de la gracia sanadora, sustentadora y transformadora: "Ser educadora es cooperar con la gracia revolucionaria en la labor de sustentar y restaurar el alma". Al convertirme en decana académica y, más tarde, también en Directora Académica, tuve que replantearme tanto mi comprensión de mi vocación como de lo que es una administradora académica. Me uní a Starr King por su compromiso con "Educar para Contrarrestar la Opresión y Construir una Comunidad Justa y Sostenible" (ECO-CJSC). ¿Cómo podía asumir este compromiso en mi nuevo rol, como lo hice en mi docencia y mi investigación? Al principio, la administración académica no me parecía el lugar donde se realizaba un trabajo transformador crucial, ya que la veía más como un mantenimiento necesario. Tenía razón y me equivocaba.

"Enseñamos por quienes somos"

En Starr King, a menudo enfatizamos que "enseñamos con base en lo que somos", citando a la presidenta emérita, la reverenda Rosemary Bray McNatt. Mi primera enseñanza en mi nuevo puesto fue que esto también es profundamente cierto como administradora: los estudiantes aprenden de nuestra forma de administrar tanto como en clase, y a menudo son aún más críticos sobre cómo nuestra misión profesada se corresponde con nuestras decisiones y acciones. Esto es a la vez motivador y aterrador. Aprendí a ver el liderazgo académico como otra forma de encarnar nuestros valores y la misión de la escuela; sin embargo, esto también significó que los riesgos eran aún mayores, y las posibilidades de decepcionar a los demás y a mí misma eran aún más graves.

Abrazando el "ambos-y"

El difunto Dr. Ibrahim Abdurrahman Farajajé fue otro líder, educador y mentor vital que me atrajo a Starr King y moldeó profundamente todos los aspectos de mi trabajo allí. Toda su enseñanza desafió las concepciones binarias y las ideas de pureza, invitándonos a reconocer la profunda complejidad de la vida y a adoptar un enfoque de "ambos y". Aprender a sentirme aún más cómoda con las complejidades, ambigüedades y tensiones no resueltas en mi trabajo y mi vida ha sido una de las experiencias de aprendizaje continuo como administrador, y algo que debo recordar constantemente a la gente. A menudo, la gente acude a mí con ideas y solicitudes precisas sobre cómo se debe hacer algo. En mi función, necesito ampliar la compleja imagen de quiénes somos como institución y comunidad educativa, con diversas necesidades y opiniones sobre cómo debemos encarnar nuestra misión y compromiso con la justicia.

Un ejemplo claro es la forma en que organizamos nuestra oferta de cursos y el calendario de clases. Nunca es sencillo, ahora que somos una comunidad distribuida con personas que residen en todo el país e incluso en el extranjero, donde la mayoría de los estudiantes trabajan a tiempo completo y tienen responsabilidades de cuidado de niños y padres. A menudo, un grupo de estudiantes de un grupo demográfico específico hace una solicitud, alegando que es lo correcto. Por ejemplo, ¿por qué no ofrecemos solo cursos asincrónicos, sincrónicos, vespertinos o de fin de semana? Incluso en una comunidad multirreligiosa, las personas pueden hacer suposiciones sobre las celebraciones sagradas que todos deberíamos celebrar y lo que consideran menos relevante.

Un rol simple pero vital que tengo es recordarle a la comunidad quiénes somos, intentando no borrar ni silenciar a nadie. Paradójicamente, esto también significa que nadie está completamente satisfecho con ninguna decisión, algo que desafía las suposiciones básicas de la cultura del consumo y las nociones de derecho. Aceptar esta frustración parcial como un espacio de crecimiento y gracia ha sido un aprendizaje esencial para mí, y espero que también para mi comunidad. ¿Cómo consideramos las necesidades de todas las personas, centrándonos en las necesidades de quienes tradicionalmente han sido más oprimidos y marginados, aprendiendo a encontrar soluciones creativas que también requieren mayor flexibilidad y adaptabilidad de quienes generalmente tienen derecho a una gran comodidad? ¿Cómo podemos abogar no solo por nosotros mismos, sino también por los demás? La administración académica es, por lo tanto, un lugar de constante prueba de nuestros valores, donde los detalles simples rara vez son triviales, sino que reflejan consideraciones esenciales. En otras palabras, la administración académica es un lugar donde podemos poner a prueba cómo entendemos y tratamos de encarnar nuestros valores teológicos y éticos. Una lección importante de humildad es que es difícil hacerlo.

Justicia

Thomas Starr King, el predicador unitario y abolicionista que dio nombre a nuestra escuela, escribió: "No puede haber justicia hasta que los seres humanos, en grandes masas, estén correctamente relacionados entre sí".

Esta cita sigue desafiándome, así como cualquier comprensión limitada de qué es lo "justo" para cada persona en la comunidad escolar. La justicia en la escuela es relacional y contextual, y está conectada con cuestiones de justicia más amplias en el mundo. Nadie existe independientemente del conjunto, y nadie es justo independientemente del resto.

La administración académica, al igual que la docencia o el ministerio, nunca debe verse como esfuerzo individual, logro personal, satisfacción individual, santificación o perfección. Todas estas actividades se ven mejor como esfuerzos colectivos, labor al servicio de la comunidad y del mundo en general, ya que todos somos partes interrelacionadas de un mismo organismo.

Trabajo colectivo

Recordar que todo ministerio es trabajo puede ser muy útil. Un trabajo de amor, de hecho, un trabajo con base espiritual, pero a la vez desafiante, si se realiza con seriedad y pasión. Educar para construir comunidades justas y sostenibles es un trabajo arduo, un trabajo que nunca se termina, nunca se completa, nunca se realiza ni se modela a la perfección. Siempre es un trabajo en progreso, un proceso de aprendizaje continuo, donde nos desafiamos mutuamente a comprender nuestras limitaciones y errores, y a revisar lo que creíamos saber. Nuestros textos sagrados y la sabiduría de nuestras tradiciones espirituales nos informan, y los nuevos estudios nos enseñan mejores prácticas. Sin embargo, no estamos tratando con un cuadro predefinido para duplicar, sino con comunidades diversas con historias de opresión, sufrimiento y persecución que nos desafían a tomar buenas decisiones en un mundo y un panorama académico en constante cambio.

En la administración académica, como en otros ministerios, siempre es útil recordar que nunca se trata solo de nosotros ni de un grupo, sino del conjunto y del cumplimiento de nuestra misión. Se trata del bien colectivo, del bien de nuestras comunidades que viven bajo injusticias sistémicas, del bien definido por personas y seres que tradicionalmente han sido marginados, si no completamente eliminados.

El hecho de que esto nunca se trate solo del individuo es una buena noticia, ya que significa que no tenemos que esforzarnos por alcanzar la perfección individual ni la de nuestro grupo o institución, ya que esta perfección, esta pureza moral, esta superioridad espiritual y política no pueden existir en el mundo tal como es. Lo que existe son decisiones, acciones, errores, reflexiones, oración, adoración y reparación. Sin duda, aprender de la experiencia e intentarlo una y otra vez.

Si bien nos esforzamos por encarnar una comunidad amorosa y justa en nuestra forma de enseñar y administrar la escuela, formamos parte de una compleja red marcada por injusticias históricas sistémicas. Al intentar transformarnos a nosotros mismos y a la sociedad, nos vemos moldeados por ella. Sorprenderse por esta constatación, o olvidarla, es no estar en contacto con la realidad. Starr King es una Escuela para el Ministerio, una institución de educación superior, no una utopía, un nolugar. Buscamos verdades liberadoras y la belleza suprema en textos sagrados y tradiciones espirituales, también marcadas por el patriarcado, el racismo, la explotación económica, la homofobia y la queerfobia. No podemos vivir en Starr King como si estas no fueran realidades, como si no nos afectaran profundamente. Lo que hacemos es negarnos a creer que el statu quo es como son y siempre serán las cosas, la última palabra sobre la humanidad y sobre nosotros mismos. Nos negamos a creer que la injusticia es justificable e irreversible; nos negamos a creer que algunos de nosotros merecemos privilegios obtenidos mediante la explotación y la victimización de otros.

Afrontar los retos del momento

La situación actual de nuestro mundo y la educación teológica nos exigen luchar por la supervivencia y la sostenibilidad. Nos desafían a encontrar soluciones que satisfagan las necesidades de nuestros estudiantes y comunidades, quienes atraviesan múltiples crisis. Es comprensible que vivamos en un clima constante de urgencia y búsqueda de soluciones innovadoras. Starr King ha sido visionario e innovador en el pasado, iniciando la educación en línea a principios de la década de 2000 y experimentando con diferentes modalidades de aprendizaje que ahora se valoran, pero que antes se veían con recelo. Sin embargo, haber sido innovador en el pasado no significa que podamos rendirnos ahora. Siempre debemos estar atentos a las nuevas necesidades y soluciones que surgen en nuestras comunidades.

Una lección importante para mí es que siempre es prudente tomarnos el tiempo para reafirmarnos en nuestra misión y reflexionar juntos sobre cómo una nueva estrategia, tecnología o iniciativa cumple con el mandato de nuestra misión y cuáles son sus deficiencias. Es un proceso que debe ser, una vez más, un esfuerzo colaborativo, para que nos ayudemos mutuamente a ver las cosas desde diferentes perspectivas, identificando preguntas y problemas que quizás hayamos pasado por alto o pasado por alto, pero que son esenciales para otros grupos. Como administrador, espero que podamos seguir siendo profundamente intencionales en las decisiones que tomamos y mantener la transparencia al respecto, sin afirmaciones absolutistas de haber encontrado las soluciones perfectas que todos los demás deberían adoptar.

Nos esforzamos por educar para contrarrestar la opresión y modelar lo que predicamos como seres humanos desordenados y limitados, inspirados y fortalecidos por el mismo espíritu que ha dado resiliencia, propósito, esperanza y fe a generaciones y generaciones anteriores. Cooperamos con fuerzas de sanación y transformación que son más grandes, antiguas y fuertes que cualquiera de nosotros. El Dr. Ibrahim Abdurrahman Farajajé nos recordó: Que la educación teológica, en su sentido más amplio, es una colaboración holística con lo divino en la sanación del universo. Como él mismo afirmó, nuestra transformación espiritual es tanto el proceso mediante el cual realizamos esta labor como el resultado de ella.

La Rev. Gabriella Lettini (Ph.D.) es Profesora Aurelia Henry Reinhardt de Ética Teológica, Directora Académica y Decana Académica de la Escuela Starr King para el Ministerio (Starr King School for the Ministry). Originaria de Turín, Italia, también es Ministra de la Iglesia Valdense en Italia. Tiene un Doctorado en Teología del Seminario Teológico de la Unión de Nueva York (Union Theological Seminary, NY).

La Escuela Starr King para el Ministerio es un seminario unitario universalista progresista en Oakland, California, con orígenes que se remontan a 1904, cuando comenzó como la Escuela Unitaria del Pacífico para el Ministerio (Pacific Unitarian School for the Ministry). Capacita a sus estudiantes para el ministerio, el liderazgo espiritual y el servicio orientado a la justicia en todas las tradiciones religiosas, sin limitarse a las comunidades unitarias universalistas. Su filosofía educativa se centra en *la educación para contrarrestar la opresión*, el aprendizaje multirreligioso y la formación contextualizada en comunidades de fe. Entre sus títulos se encuentran la Maestría en Divinidad (M.Div.) y la Maestría en Artes en Cambio Social (MASC), además de certificados en áreas como capellanía, estudios unitarios universalistas, estudios multirreligiosos y justicia psicodélica.

Metamodernismo y educación teológica

Robert J. Duncan, Jr.

Hace varios años, leí un blog del Seminario Teológico de la Unión sobre el futuro de la educación teológica:

> No es ningún secreto que la educación superior en Estados Unidos se enfrenta cada vez más a un conjunto de desafíos sin precedentes que amenazan la sostenibilidad de instituciones tanto grandes como pequeñas. Tampoco debería sorprender a nadie que preste atención que los seminarios se enfrenten a estos mismos desafíos y a otros más. Sin la red de seguridad integrada que ofrece una universidad o una afiliación denominacional, las escuelas teológicas pequeñas e independientes se encuentran entre las más vulnerables.[1]

El blog aborda la sostenibilidad como uno de los desafíos más importantes para la educación teológica tradicional:

> Para seguir siendo sustentable, la educación teológica tendrá que satisfacer las necesidades vocacionales de un grupo nuevo y más diverso de estudiantes, llegando a ellos donde están con formatos flexibles, pedagogías creativas y oportunidades de acreditación innovadoras

---

[1] Isaac Sharp, "The Future of Theological Education at Union and Beyond," *Union Theological Seminary*, New York, June 6, 2021, (accessed 10-15-24): https://web.archive.org/web/20160101000000*/https://utsnyc.edu/blog/2021/06/03/the-future-of-theological-education-at-union-and-beyond/#:~:text=To%20remain%20sustainable%2C%20theological%20education,traditional%20master's%20and%20doctoral%20degrees.

que vayan más allá de los títulos tradicionales de maestría y doctorado.[1]

En el mismo blog, el presidente de la Unión respondió a cómo sería el futuro de la educación teológica:

La respuesta sincera es: ¡no lo sabemos! ¡Nadie lo sabe! —explica el presidente Jones—. Pero lo que sí sabemos es que el futuro ya está surgiendo gracias al trabajo innovador que realizamos actualmente. Paso a paso, estamos moldeando el futuro que viene, y nos adaptaremos y cambiaremos a medida que avanzamos.[2]

Los dos factores más significativos que ilustran el problema de la educación teológica tradicional son la matrícula y el costo. Por lo tanto, existe una correlación directa entre ambos: la matrícula ha disminuido y el costo de la matrícula ha aumentado. Se necesita un nuevo enfoque para que la educación teológica sea sostenible en la nueva era de la metamodernidad.

El metamodernismo surgió en el siglo XXI como una oscilación entre la modernidad y la posmodernidad. Se caracteriza por crear *burbujas* desde diferentes niveles de toma de decisiones y combinarlas para implementar una decisión previamente imposible. El metamodernismo adopta la idea de que existen nuevas maneras de comprender y experimentar la vida, la fe y el ministerio.

El metamodernismo es una filosofía cultural que surgió como respuesta al posmodernismo, buscando trascender sus límites para restablecer la esperanza y el optimismo. El metamodernismo abraza la paradoja y la yuxtaposición, tomando las realidades del modernismo y

---

[1] Sharp, (blog).
[2] Sharp, (blog).

aplicando la deconstrucción posmoderna, creando así una realidad única.

El metamodernismo oscila entre lo moderno y lo posmoderno. Oscila entre el entusiasmo moderno y la ironía posmoderna, entre la esperanza y la melancolía, entre la ingenuidad y la certeza, la empatía y la apatía, la unidad y la pluralidad, la totalidad y la fragmentación, la pureza y la ambigüedad. De hecho, al oscilar entre lo moderno y lo posmoderno, lo metamoderno negocia entre lo moderno y lo posmoderno.[1]

El metamodernismo ofrece un enfoque novedoso para abordar el escepticismo posmoderno, imaginando un futuro más inclusivo donde se puedan alcanzar nuevas formas de progreso y conocimiento. Navega por un terreno complejo, oscilando entre el entusiasmo moderno y la ironía posmoderna.

El libro de A. Severan, *Metamodernism and the Return of Transcendence*, explora este concepto de una oscilación entre el modernismo y el posmodernismo.

> Ontológicamente, el metamodernismo oscila entre lo moderno y lo posmoderno. Oscila entre el entusiasmo moderno y la ironía posmoderna, entre la esperanza y la melancolía, entre la ingenuidad y la certeza, la empatía y la apatía, la unidad y la pluralidad, la totalidad y la fragmentación, la pureza y la ambigüedad. ...Cada vez que el entusiasmo metamoderno se inclina hacia el fanatismo, la gravedad lo arrastra de vuelta hacia la ironía; en el momento en

---

[1] Timotheus Vermeulen and Robin van den Akker, "Notes on Metamodernism," *Journal of Aesthetics and Culture* 2.1 (2010): 56-77 (Taylor and Francis online, accessed 1/25/2025): https://web.archive.org/web/20160101000000*/https://www.tandfonline.com/doi/full/10.3402/jac.v2i0.5677.

que su ironía se inclina hacia la apatía, la gravedad lo arrastra de vuelta hacia el entusiasmo.[1]

La oscilación presente en la era metamoderna incorpora el posmodernismo, a la vez que oscila entre lo anterior y lo futuro. La oscilación del metamodernismo proporciona una forma de pensar que implica alternar entre diferentes perspectivas, actitudes y contextos. Esta oscilación puede conducir a una síntesis de estas diversas perspectivas, actitudes y contextos, fomentando en última instancia una comprensión más matizada del mundo.

Mi enfoque de un sistema de decisión metamoderno utiliza una burbuja oscilante que rodea *cualquier* decisión que coincida con *todas* las decisiones posibles restantes, creando así una combinación *de todas y cada una* encapsulada por la burbuja oscilante.

La educación teológica desempeña un papel crucial en la profundización de la comprensión y el potencial del cristianismo metamoderno, proporcionando una comprensión integral de sus fundamentos teológicos y desarrollo histórico para su aplicación en una nueva era. Fomentar la reflexión crítica sobre su relevancia contemporánea y el compromiso con los problemas sociales actuales es esencial para mantener su relevancia entre quienes no se han reconectado con la Iglesia tras la pandemia de COVID-19, así como entre quienes nunca han participado activamente en ella.

La educación teológica también deberá adaptarse a las nuevas tecnologías y a las estructuras sociales de la metamodernidad. La tecnología más prometedora y con mayores efectos negativos ya está aquí: la inteligencia

---

[1] A. Severan, *Metamodernism and the Return of Transcendence* (self-pub., Metamodern Spirituality Book 1, March 25, 2021), 47, Kindle.

artificial. La educación teológica deberá crear formas innovadoras de adaptarse al uso ético de la IA en la administración, el currículo y la instrucción. La IA es solo una de las nuevas tecnologías que la educación teológica debe utilizar para dotar eficazmente a las personas de las habilidades prácticas necesarias para implementarla en el mundo metamoderno mediante nuevas formas de ministerio comunitario, misión y evangelización.

Adaptar la educación teológica a la metamodernidad presentará desafíos significativos, incluyendo nuevos enfoques de matrícula, presión financiera, manutención diferida e identidad denominacional, lo que conllevará cambios necesarios. He desarrollado la siguiente fórmula para describir la oscilación entre la educación teológica moderna y la posmoderna:

Sin ladrillos + solo chips = Innovación (virtual)

Las escuelas teológicas que están adoptando el metamodernismo están repensando y reformulando la educación teológica en el espacio virtual creado por la tecnología metamoderna. La educación teológica virtual en la era metamoderna presenta un enfoque sostenible para la educación teológica, utilizando un profesorado y personal distribuidos (un patrón de dotación de personal en el que el personal de una organización o escuela no trabaja en un edificio de oficinas común, sino que se distribuye por todo el estado, el país o el mundo), cursos basados en competencias y un enfoque centrado en el ministerio. Al adoptar tecnologías y estrategias innovadoras, la educación teológica virtual elimina las fronteras geográficas, fomenta una comunidad global de estudiantes y ofrece experiencias de aprendizaje basadas en competencias para quienes buscan crecimiento espiritual y comprensión teológica.

La educación teológica en la era metamoderna explora un nuevo enfoque instructivo que utiliza un enfoque de cohorte individual y una educación guiada. La educación teológica moderna y posmoderna emplea la pedagogía, centrada en la instrucción dirigida por el profesor. La pedagogía se define como:

> La pedagogía, o "guiar a los jóvenes", se refiere principalmente al desarrollo de hábitos de pensamiento y acción. Dentro de la pedagogía, la función principal del docente es brindar oportunidades para que los estudiantes aprendan a través de la experiencia. Por ejemplo, los codiciados puestos de "líder de fila" o "portero" en la escuela demuestran la importancia del liderazgo y el servicio a los niños. O bien, cuando un docente cambia el volumen de su voz del patio al aula al hablar con los estudiantes, ejemplifica la necesidad de concienciación conductual.[1]

La educación teológica metamoderna emplea la andragogía, que se centra en la instrucción dirigida por el estudiante, con el profesor como facilitador. La andragogía se define como:

> Los adultos son autónomos y pueden confiar en su experiencia pasada para resolver problemas complejos, lo que significa que un enfoque central al "liderar a los mayores" debe ser la cuestión de cómo apoyarlos mejor para retener nuevas ideas, aprender nuevas formas de resolver problemas y fortalecer el pensamiento independiente.
>
> Los métodos de enseñanza para adultos difieren de los que se emplean tradicionalmente para educar a niños. Por ejemplo, usar una tabla de comportamiento

---

[1] "Andragogy vs. Pedagogy: Key Differences in Learning," *Western Governors University* (May 24, 2022, accessed 07/14/25): https://www.wgu.edu/blog/andragogy-pedagogy-key-differences-learning2205.html.

con pegatinas de colores para motivar a los niños a permanecer en silencio durante la lectura resulta ineficaz en el aprendizaje de adultos. La mayoría de los estudiantes adultos ya trabajan activamente en una carrera o campo de interés, desde medicina hasta ingeniería y negocios, y requieren instrucción especializada para guiarlos y desarrollar las habilidades necesarias. El campo de la educación de adultos está en constante evolución con nuevas prácticas y teorías.[1]

Desarrollé un enfoque andragógico metamoderno en el Seminario Teológico Northwind, combinando la oscilación entre la instrucción individual en la era moderna y la instrucción de cohorte en la era posmoderna. La burbuja resultante forma un enfoque instruccional previamente imposible: la Cohorte Individual utilizando la Educación Teológica Basada en Competencias (CBTE). El enfoque de Cohorte Individual (CI) reemplaza los cursos tradicionales con Experiencias de Aprendizaje Basadas en Resultados (EAL), los Esquemas de Experiencias Basadas en Resultados (EAL) reemplazan los programas de estudio tradicionales, la Evaluación de Experiencias de Aprendizaje Basadas en Resultados (EAL) reemplaza la calificación tradicional, y las Concentraciones de Cohorte Individual (CCI) reemplazan a los departamentos académicos tradicionales. La CBTE es una forma especializada de Educación Basada en Competencias (EBC) que se centra en la preparación de pastores y líderes de iglesias. La CBTE se basa en que el estudiante demuestre competencia para completar experiencias de aprendizaje, lo que reemplaza la necesidad de completar cursos. Las competencias demostradas se relacionan con experiencias de aprendizaje arraigadas en el contexto ministerial real del estudiante.

---

[1] "Andragogy vs. Pedagogy," WGU

La educación teológica virtual abarca una gama de programas y cursos en línea diseñados para brindar formación y educación teológica a través de plataformas digitales. Este enfoque ha cobrado impulso a medida que las instituciones buscan ampliar su alcance y accesibilidad, permitiendo así que un alumnado más diverso participe en estudios teológicos.

Una de las ventajas más notables de la educación teológica virtual es su capacidad para trascender las barreras geográficas. Estudiantes de diversas regiones pueden acceder a una formación teológica de calidad que podría no estar disponible localmente. El aprendizaje virtual permite a los estudiantes gestionar su horario de cursos a su propio ritmo, lo que les permite compaginar sus obligaciones académicas con sus compromisos personales. El uso de la cohorte individual es una de las diferencias que definen la educación teológica posmoderna y metamoderna. La cohorte posmoderna estaba compuesta por un grupo de estudiantes que iniciaban y terminaban sus estudios juntos en una pedagogía dirigida por un instructor. La cohorte individual metamoderna está compuesta por estudiantes que progresan a través de sus estudios, reuniéndose en una andragogía guiada por un instructor.

La formación virtual en la fe es un componente clave de la experiencia estudiantil en una institución teológica virtual. La educación teológica tradicional utiliza encuentros presenciales con estudiantes, profesores y asesores para desarrollar la formación en la fe. Estos encuentros incluyen servicios religiosos, grupos de estudio, grupos de discusión, grupos de oración, estudios bíblicos y retiros. He desarrollado esta descripción de la transición de la formación moderna en la fe a la formación metamoderna en la fe.

- La Formación de la Fe Moderna utilizó grupos, capilla y retiros para estudiantes de tercer año.
- La Formación de la Fe Posmoderna utilizó cohortes académicas y viajes misioneros.
- **La Formación de la Fe Metamoderna utiliza una nueva Andragogía de Cohorte Individual.**

En el Seminario Teológico Northwind, la mentoría del profesorado es el vínculo principal entre el estudiante y la formación en la fe. El enfoque "Estudia Conmigo" de Northwind fomenta la formación en la fe interdenominacional dentro de la Gran Carpa de un ministerio ecuménico de educación superior. La era metamoderna exige rechazar la visión teológica restrictiva que prevalece en muchos seminarios tradicionales. Esta restricción de la visión teológica del seminario se debe a que se asigna el liderazgo en la búsqueda de nuevo profesorado al profesorado existente. El profesorado tiende a seleccionar a nuevos profesores que compartan o complementen las perspectivas teológicas dominantes del profesorado actual. Con cada búsqueda, la visión teológica del seminario se estrecha naturalmente. El ministerio ecuménico de la Gran Carpa en la educación superior acoge a profesores, personal y estudiantes con diversas perspectivas teológicas, sin dejar de estar unidos en Cristo.

La educación teológica metamoderna aborda dos desafíos importantes: la disminución de la matrícula y el aumento de los costos operativos que amenazan la sostenibilidad. Adaptación de la educación teológica a la metamodernidad. No es solo una elección, sino una necesidad. Al adoptar las tecnologías innovadoras del metamodernismo y las nuevas estrategias andragógicas dentro de una burbuja metamoderna oscilante, la educación teológica virtual elimina las fronteras geográficas, fomenta una comunidad global de estudiantes y ofrece experiencias de aprendizaje basadas en competencias para quienes buscan crecimiento espiritual y comprensión teológica.

El Rev. Robert J. Duncan, Jr. (DMin, ThD) es profesor de Liderazgo y Ministerio Especializado, además de fundador y presidente de Northwind Consortia (Académico, Instituto, Seminario, Prensa y Becarios). Es ministro metodista unido ordenado y jubilado con más de 40 años de experiencia ministerial, que abarca ministerio pastoral, consejería pastoral, donaciones planificadas y educación superior. Rob ha sido ponente frecuente en conferencias nacionales, presentando maneras de conectar la tecnología, la educación a distancia y el ministerio.

El Seminario Teológico Northwind (Northwind Theological Seminary) es un seminario ecuménico en línea que atiende a diversas denominaciones. Con una base bíblica y raíces teológicas en la tradición wesleyana, ponemos un fuerte énfasis en el Ministerio Contextual, la Formación Espiritual y el Discipulado. Ofrecemos educación teológica en línea accesible, asequible y de calidad a pastores locales, clérigos bivocacionales y de segunda carrera, y a estudiantes de por vida para un ministerio fiel y creativo en la NeXtChurch. El nombre (Northwind) representa el aliento de Dios y el movimiento dinámico del Espíritu para orientar nuestras vidas hacia el norte verdadero. Simbólicamente, la norteña es una orientación en la vida, una cualidad de carácter, una imagen y metáfora en la teología y el ministerio, el primero de los cuatro puntos cardinales del círculo al que se relacionan todos los demás. Para C. S. Lewis y otros grandes escritores, el camino a Dios se encuentra en el norte.

Parte II

Honrando la sabiduría, las experiencias y las tradiciones del pasado

La formación para el ministerio siempre se ha fortalecido con la sabiduría de quienes nos precedieron. Las prácticas, tradiciones e historias transmitidas de generación en generación siguen orientando el presente. Los ensayos de esta sección nos recuerdan que, incluso en tiempos de disrupción, el pasado ofrece recursos perdurables que pueden moldear y sostener una formación fiel. Prestar atención a estas voces ayuda a garantizar que la educación teológica se mantenga arraigada incluso al responder a las nuevas realidades.

Cimientos

Mark Patterson

Introducción
El buceador de aguas profundas y la catedral

Los visitantes de la Catedral de Winchester, al suroeste de Londres, podrían sorprenderse al encontrar varias esculturas de bronce de un buceador llamado William Walker. Una de ellas se encuentra en el jardín exterior de la catedral y otra en el interior, junto a la cual se exhibe un casco de buceo. Si bien las antiguas catedrales europeas suelen contener innumerables placas, estatuas y monumentos conmemorativos, estas resultan particularmente sorprendentes y plantean muchas preguntas. La placa de bronce no hace más que aumentar estas preguntas:

William Walker-Buzo
1869-1918
…quien salvó esta Catedral con sus propias manos
1906-1911

¿Quién fue William Walker y cómo pudo un buceador salvar una catedral con sus propias manos? La respuesta es fascinante y, para nuestros propósitos de reflexión sobre la educación teológica en el siglo XXI, esclarecedora.

A principios del siglo XX, la catedral milenaria corría grave peligro de derrumbe. Habían aparecido enormes grietas en los muros (algunas tan grandes que un niño pequeño podía trepar), que estaban abombados e inclinados, y las piedras caían con frecuencia. Un destacado arquitecto de la época realizó una evaluación sombría, señalando que el edificio se hundía en el terreno blando y húmedo y que necesitaba reparaciones profundas para salvarse. Un ingeniero estructural determinó que los cimientos construidos por los normandos casi mil años antes habían sido poco más que una "balsa flotante" de abedules, muchos de los cuales se habían descompuesto y ya no existían, lo que permitió que la catedral se hundiera lentamente en la turba y arcilla blandas del subsuelo. Excavando unos seis metros, se encontró un lecho de grava y se determinó que se podía construir una nueva cimentación, sobre esta base, para sostener la estructura actual. Dado que cada hoyo excavado para alcanzar este lecho de grava estaba lleno de agua, esta reparación requirió un experto en trabajos submarinos y, por lo tanto, la contratación de William Walker.

Los obreros excavaron 235 fosas alrededor (¡y debajo!) de los extremos este y sur de la catedral, cada una de aproximadamente seis metros de profundidad. Walker entraba en estas fosas, construyendo los cimientos desde los lechos de grava hasta el edificio existente. Walker trabajó seis horas al día, seis días a la semana, durante seis años, siempre en agua fría y en completa oscuridad debido al limo. Durante este período, él solo colocó más de 25.800 sacos de hormigón, 114.900 bloques de hormigón y 900.000 ladrillos. Al terminar, se bombeó el agua subterránea y se descubrió que el edificio descansaba sólidamente sobre sus nuevos cimientos. En realidad, William Walker, buceador de aguas profundas, había salvado la catedral con sus propias manos. Para celebrar el éxito, se celebró un servicio de acción de gracias el 15 de julio de 1912, en el que Walker recibió un cuenco de plata con forma de rosa de manos del rey Jorge V, quien más tarde también lo honraría como miembro de la Real Orden Victoriana (MVO).[1]

Si bien es una historia fascinante, también nos brinda una lección vital al reflexionar sobre la educación teológica para el futuro inmediato y lejano. *Esto revela dos verdades entrelazadas e interrelacionadas: una buena base es vital para que lo que se construya sobre ella perdure en el tiempo y, en segundo lugar, es muy difícil reparar una base insuficiente o fallida.* En este período tumultuoso, lleno de dificultades y promesas, preguntas y esperanza, vale la pena reflexionar sobre esta doble perspectiva de nuestros cimientos al considerar la educación teológica en nuestro contexto actual y qué reparaciones son necesarias para asegurar un futuro largo, eficaz y próspero.

Fundamentos fallidos: la educación teológica hoy

Hay muchas razones por las que, al analizar el estado actual de la educación teológica en Estados Unidos, se podría concluir que sus fundamentos requieren atención. Esta evaluación no es nueva ni restrictiva. De hecho, se ha expresado repetidamente durante décadas.

En 1994, el Murdock Charitable Trust, del noroeste del Pacífico, observó que un número cada vez mayor de seminarios solicitaba subvenciones para ayuda financiera. Esto llevó al fideicomiso a realizar un estudio en el que entrevistaron a aproximadamente 800 pastores, feligreses y profesores de seminario con la esperanza de comprender por qué los seminarios atravesaban crecientes dificultades

---

[1] Para cualquiera que considere que tales honores son insuficientes, Walker también tenía un pub en la ciudad de Winchester que llevaba su nombre. https://web. archive.org/web/202500 00000000*/https://www. williamwalkerwinchester.co.uk.

financieras. Los resultados fueron una crítica mordaz a los seminarios estadounidenses que conmocionó la educación teológica en todo el país.

En su número del 24 de octubre de 1994, *Christianity Today* publicó un artículo titulado "¿Reestructurando el seminario? La crisis de credibilidad obliga al cambio".[1] Este artículo comienza haciendo referencia a varias conclusiones del informe del Murdock Trust. En concreto, enumeran:

- Los estudiantes de seminario a menudo tienen las mismas dudas que los no creyentes, se ven a sí mismos como víctimas y tienen un "profundo hambre" de modelos a seguir y mentores.
- Los seminarios están produciendo pastores de la misma manera que lo hacían hace 30 años, están debilitados financieramente por los gastos administrativos y asumen poca responsabilidad en la selección de los estudiantes destinados a la ordenación.
- La titularidad vitalicia de los profesores y el proceso de acreditación han sido, en algunos casos, obstáculos para el cambio estratégico.
- Los pastores de aquella época estaban "en gran medida satisfechos" con su propio desempeño laboral, pero creían que estaban "mal preparados" para sus tareas.

---

[1] Cabe destacar que, si bien el artículo plantea importantes críticas, también señala nuevos esfuerzos y modelos educativos que sugerían que sin duda se estaban produciendo cambios positivos. El artículo concluye con una pregunta abierta: ¿serán suficientes estos cambios? https://web.archive.org/web/20160415000000*/https://www.christianitytoday.com/ct/1994/october24/4tc074.html.

Christianity Today pronosticó una crisis inminente para los seminarios, una evaluación extraña en un momento en que los seminarios de todo Estados Unidos registraban sus mayores matrículas e ingresos. Sin embargo, *CT* vio nubarrones en el horizonte, señalando que las escuelas estaban en gran medida desconectadas de las necesidades de las iglesias y las realidades del ministerio parroquial, de las necesidades y deseos de sus estudiantes que consideraban o buscaban el ministerio, y desconectadas de los tiempos y de lo que se necesitaba para que la iglesia cumpliera eficazmente su misión en una cultura poscristiana. El hecho de que este artículo se publicara hace más de treinta años no debería sugerir que sus conclusiones estén resueltas o sean irrelevantes; de hecho, el artículo parece tan preciso y relevante como cuando se publicó por primera vez, lo que sugiere que tales críticas siguen siendo, mutatis mutandis, en gran medida y esencialmente válidas y aún merecen una seria consideración.

En efecto. Al examinar con atención el amplio espectro de la educación teológica actual, vemos que muchos de los temas señalados hace treinta años siguen vigentes, característicos y formativos.

En primer lugar, el modelo universitario que conforma el paradigma académico de la mayoría de los seminarios sigue siendo en gran medida polémico y deconstructivo en su método. En lugar de construir desde la fe, el culto y la misión, estos se perciben con demasiada frecuencia como algo secundario a los intereses académicos y, por lo tanto, es más probable que se evalúen críticamente que se enseñen. Más aún, a lo largo de muchos años y en muchas instituciones, la vida espiritual de los estudiantes y sus propios caminos de fe han sido en gran medida irrelevantes para el propósito académico que motiva la existencia de las instituciones.

En segundo lugar, los seminarios suelen estar desvinculados de la Iglesia. En su búsqueda de legitimidad académica, los seminarios "ahora son más responsables ante la academia y sus gremios que ante la Iglesia y sus ministerios, y ante la metodología de los estudios religiosos que ante los estudios teológicos y la eclesiología".[1]

En tercer lugar, y a raíz de esto, está el hecho de que, con demasiada frecuencia, los conceptos que se enseñan en el seminario tienen poca o ninguna conexión con la iglesia y sus ministerios en la vida real. A los estudiantes se les enseña sobre diversos teólogos y sus ideas, la historia de la iglesia, los estudios bíblicos y la exégesis, y una amplia gama de otras áreas, pero poco sobre cómo estas deben relacionarse con la vida y la misión de la iglesia hoy.

En cuarto lugar, muchos seminarios siguen desconectados de las necesidades y deseos de los estudiantes interesados en el ministerio hoy en día. Cada vez más, los estudiantes se muestran reacios o incapaces (o ambas cosas) a desarraigarse y cursar varios años de estudios de posgrado. Muchos ya participan activamente en el ministerio y no buscan abandonarlo para cursar estudios de posgrado, sino adquirir las herramientas, los conocimientos y las habilidades necesarias para servir con mayor eficacia en su contexto.

En quinto lugar, la educación teológica se ha vuelto prohibitivamente cara.[2] El alto costo de las instalaciones, el

---

[1] Leonard Sweet, *Rings of Fire: Walking in Faith through a Volcanic Future* (Colorado Springs: NavPress, 2019), 186.

[2] Según datos de la Asociación de Escuelas Teológicas (ATS) y considerando veinte de los seminarios más conocidos, el costo promedio de la matrícula y las cuotas anuales fue de $26,605. La ATS informa que, en 2018, la deuda promedio de quienes necesitaban préstamos estudiantiles para obtener su título de seminario era de $32,817. https://web.archive.org/web/20160101000000*/https://www.ats.edu

personal y otros innumerables gastos exigen ingresos considerables, lo que inevitablemente afecta la matrícula.

Obviamente, estas son pinceladas generales. Pueden describir algunas instituciones (o etapas dentro de ellas) con considerable precisión, mientras que otras lo hacen apenas. Sin embargo, se podría argumentar que estas características siguen siendo lo suficientemente comunes e influyentes en la educación teológica actual como para justificar una evaluación valiente y crítica del estado actual de la educación teológica con la esperanza de reforzar unos cimientos invaluables que no deben permitirse derrumbarse.

Reparación de cimientos rotos

Los problemas que aquejaban a la Catedral de Winchester llevaban siglos agravándose antes de que William Walker fuera contratado para construir una nueva cimentación. Las grandes grietas descritas a principios del siglo XX comenzaron siglos antes, con fracturas crecientes e inexorables que se extendían lentamente a lo largo de los años y los muros. No cabe duda de que durante estos años se realizaron reparaciones. Se taparon las grietas, se devolvieron las piedras a sus lugares desprendidas y se aplicó pintura. ¿Y los muros abombados y los edificios que se hundían lentamente? Probablemente fueron ignorados en gran medida, ya sea con la esperanza (o la negación) de que la situación no empeorara, o con la desesperación de que no pudiera mejorar.

Pero llega un momento en que se hace evidente que la magnitud de los problemas ya no se puede resolver con yeso y pintura. Lo que se necesita es una reconstrucción

---

/files/galleries/current-data-on-educational-debt-among-ats-graduates-aug-2018.pdf.

valiente y creativa de los cimientos para sostener la estructura en el futuro.[1]

No cabe duda de que los seminarios necesitan rediseñar sus métodos. Esto no significa simplificar todo ni abandonar la profundidad académica por la relevancia populista ni la tradición por la papilla cultural. No significa convertir los seminarios en escuelas de oficios religiosos. La tarea consiste en impartir una educación teológica coherente con los fundamentos que nos han sido dados, a la vez que los refuerza de maneras que fortalezcan el propósito de la estructura para la labor que se concibió. Leonard Sweet describe cómo podría ser:

> El problema no es que los seminarios sean demasiado académicos. El problema es que necesitan nuevos académicos, un nuevo modelo académico que comprenda lo que sucede a nuestro alrededor basándose en lo sucedido en el pasado, explore el impacto del cambio anterior y el que tendrá ahora, y sugiera preparativos que permitan a la iglesia adaptarse. Así como la cultura necesita intelectuales públicos, la iglesia necesita teólogos públicos que escriban en la lengua vernácula y no descarten el lenguaje coloquial.[2]

Restaurando cimientos

¿Cómo podría ser un nuevo modelo académico? ¿Qué énfasis podríamos retomar o restaurar para reforzar

---

[1] Un excelente estudio sobre este tema se encuentra en Ted A. Smith, *The End of Theological Education* (Grand Rapids: Eerdmans, 2023). Este libro forma parte de una serie sumamente útil titulada Theological Education between the times.

[2] Leonard Sweet, "The Decline and Fall of Seminaries," *Rings of Fire: Walking in Faith through a Volcanic Future* (Colorado Springs: NavPress, 2019), 185.

los antiguos muros?[1] Estas son, obviamente, preguntas cruciales que implican mucho más que simplemente "remendar" las grietas. La variedad de posibles tareas, enfoques y áreas de enfoque es numerosa y requiere más tiempo y espacio del disponible. Con esta limitación, permítanme sugerir algunas pinceladas adicionales que considero vitales para reconstruir los cimientos de la educación teológica.

Primero, debemos restaurar un fuerte énfasis en el crecimiento y la madurez espiritual de nuestros estudiantes. La vida espiritual no es un elemento privado ni personal de la vida del pastor. No es algo separado ni aislado del trabajo ministerial. Es el elemento fundamental de todas las prácticas y el liderazgo ministerial. Por esta razón, debemos restaurar la prioridad de cultivar la profundidad espiritual de nuestros estudiantes y esforzarnos incansablemente por mostrar cómo la vida espiritual, los conocimientos académicos y las prácticas ministeriales pueden y deben entrelazarse.

Históricamente, los seminarios se han centrado en las credenciales académicas de su profesorado, con poco énfasis en su comprensión y participación en la vida y el ministerio de la parroquia local. Pero cabe preguntarse: ¿cómo puede alguien con poca o ninguna experiencia en la vida diaria y el ministerio de una congregación preparar a

---

[1] Es profundamente alentador ver a tantos trabajando en estas cuestiones. El libro de Perry Shaw, *Transforming Theological Education: A Practical Handbook for Integrative Learning* (2nd ed.; Carlisle, Cumbria: Langham Publishing, 2022), es sumamente útil y esclarecedor. La serie Theological Education Between the Times (Eerdmans), compuesta por al menos nueve volúmenes, analiza con valentía el estado actual de la educación teológica, incluyendo áreas importantes no mencionadas en este resumen, y ofrece perspectivas creativas y útiles para quienes buscan optimizar la educación teológica.

los estudiantes para ser sus líderes? ¿Cómo puede un seminario, prácticamente desconectado de la vida y la misión de la iglesia, preparar a una nueva generación de pastores para pastorearla? En el Instituto de Teología Flourish, exigimos que todos nuestros profesores no solo posean las credenciales académicas adecuadas, sino que también hayan estado, y sigan estando, profundamente involucrados en la vida ministerial de la parroquia local. Es más, exhortamos a nuestros profesores a que busquen constantemente cómo tomar las profundas ideas de las Escrituras, la teología y la historia y aplicarlas a las preguntas, necesidades, sufrimientos y vidas de quienes llenan la iglesia cada domingo, así como a la cultura en la que se inserta.

El seminario, en su máxima expresión, debe incluir lo mejor de la vida de la iglesia. Es decir, nuestras clases y nuestra vida académica en conjunto deben reflejar la iglesia en su máxima expresión y plenitud. Esto difiere de las normas de las últimas décadas, que tendían a moldear la comunidad y la vida del seminario principalmente en torno al aula y al proceso educativo. Este es, por supuesto, un elemento vital y real del seminario. Pero sostenemos que la comunidad debe abarcar más que esto. En cambio, buscamos construir una auténtica comunidad entre nuestros estudiantes y entre estudiantes y profesores. Buscamos mostrar y reflejar en la vida de nuestra comunidad del seminario lo mejor de la vida en la iglesia. Buscamos edificarnos mutuamente, llevar las cargas de los demás, desafiarnos mutuamente y acercarnos cada vez más a una vida moldeada por Cristo. Esta profunda comunidad se construye mediante clases regulares en línea, la disponibilidad de profesores para los estudiantes, el cuidado pastoral y una red de pequeños grupos que profundizan tanto en la reflexión académica como en el cuidado y la oración mutuos.

El agente de cambio de mayor alcance ha sido internet y la capacidad de ofrecer clases en línea y una comunidad profunda, accesible y asequible. Herramientas como las plataformas en línea para impartir clases, mantener el contacto con los estudiantes y construir comunidad, combinadas con bibliotecas como la Biblioteca Teológica Digital, permiten un acceso sin precedentes a recursos educativos asombrosos. Si bien no es perfecta ni está exenta de problemas, la educación en línea ofrece un medio nuevo y prácticamente ilimitado para expandir y mejorar la educación teológica. Sin embargo, nos corresponde interactuar crítica y creativamente con este nuevo medio, inventando y diseñando las pedagogías adecuadas que puedan aportar excelencia y profundidad a nuestros procesos educativos. Se necesitan odres nuevos para vino nuevo.

Sin negar las dificultades que enfrentamos (los metafóricos muros arqueados, las grietas, los pantanos y las oscuras y frías profundidades), hay motivos para creer que pueden abordarse y superarse, y que la invaluable estructura puede reconstruirse sobre cimientos sólidos. El hecho de que tantos se comprometan creativamente precisamente con este objetivo inspira gran esperanza para el futuro de la educación teológica.

Mark Patterson es el presidente fundador del Instituto Flourish de Teología (Flourish Institute of Theology), una Escuela de Posgrado en Ministerio. Mark ha liderado el diseño de nuestros programas, clases y currículo. Recluta y capacita a nuestro profesorado e imparte docencia en teología, historia de la iglesia y ministerio pastoral. Mark obtuvo su licenciatura en teología en la Universidad de Whitworth, su maestría en Divinidad en el Seminario Teológico de Princeton (Princeton Theological Seminary) y su doctorado en teología en el King's College de Londres. Ha sido pastor durante más de 45 años y profesor adjunto de teología en el Seminario Teológico Gordon-Conwell y el Seminario Teológico Fuller.

El Instituto de Teología Flourish: Escuela de Posgrado de Ministerio (Flourish Institute of Theology: A Graduate School of Ministry) fue un nuevo seminario creado en 2021 por la Orden del Pacto de Presbiterianos Evangélicos (ECO). Desde sus inicios, se diseñó para ofrecer no solo una educación teológica excepcional con los mejores profesores posibles, sino también una formación teológica orientada al servicio ministerial. Nuestra Escuela de Ministerio se compromete a formar pastores y líderes ministeriales con un profundo conocimiento bíblico y teológico. Nuestro objetivo es formar a nuestros estudiantes para que sean pensadores teológicos capaces de proclamar el mensaje del Evangelio de forma creativa, atractiva y poderosa en la iglesia y en la cultura del siglo XXI.

El Ministerio de la Escucha

Juliet Mousseau

En los últimos cinco años, la Iglesia Católica, bajo el liderazgo del Papa Francisco (y ahora del Papa León XIII), ha iniciado un cambio hacia un liderazgo comunitario, en forma de sinodalidad. Los sínodos eclesiásticos surgieron en la época apostólica, con el Concilio de Jerusalén. Los líderes de la Iglesia se reunieron para abordar temas de importancia fundamental para la comunidad eclesial y sus prácticas. A lo largo de los dos milenios posteriores a ese primer concilio, la Iglesia Católica estableció un sistema sinodal que incluía únicamente a los obispos. De hecho, el Vaticano denomina formalmente a esta práctica de reuniones regulares de los líderes de la Iglesia el Sínodo de los Obispos, aunque ahora se invita a quienes no son obispos para participar y votar en las reuniones.

Si bien los cambios en la cima de la estructura jerárquica de la Iglesia son asombrosos, su impacto en el ministerio cotidiano de las comunidades diocesanas y parroquiales locales ha sido muy diverso, especialmente en Estados Unidos. Idealmente, la sinodalidad se convertirá en una forma de escuchar las voces de todos los fieles a medida que se toman decisiones en todos los niveles de la Iglesia. Esto supone un desafío radical a la estructura jerárquica histórica de la Iglesia. En algunas diócesis (incluida la mía), se está capacitando a feligreses comunes para practicar la sinodalidad en los consejos parroquiales. La intención es que la comunidad local abrace plenamente la misión de su parroquia y determine su rumbo. Si bien la jerarquía católica permanece plenamente vigente, se insta a los ministros ordenados a actuar en sintonía con lo que escuchan de su feligresía.

El proceso de toma de decisiones sinodal está claramente explicado en los documentos oficiales disponibles en línea.[1] Como lo describió el Papa Francisco:

> Es un ejercicio de escucha mutua, realizado en todos los niveles de la Iglesia e involucrando a todo el Pueblo de Dios. El Cardenal Vicario, los obispos auxiliares, los sacerdotes, los religiosos y los laicos deben escucharse mutuamente, y luego a todos los demás. Escuchar, hablar y escuchar. No se trata de recoger opiniones, ni de una encuesta, sino de escuchar al Espíritu Santo… (*Discurso del Santo Padre a los fieles de la Diócesis de Roma*, 18 de septiembre de 2021).

Basándose en el propio término, el papa Francisco se refiere al proceso como un "camino conjunto", reiterando la horizontalidad de las relaciones humanas y su importancia para la Iglesia. Escuchar a los demás, incluso a quienes discrepan, fomenta un espíritu de pertenencia y bienvenida a una Iglesia que a veces puede percibirse como hostil. La sinodalidad puede ser un camino para seguir en el mundo y la Iglesia polarizados en los que nos encontramos hoy.

Si bien esta es una nueva era en la Iglesia Católica Romana, los principios de la sinodalidad han estado presentes en nuestra educación ministerial durante mucho tiempo. La sensibilidad pastoral parte de la profunda convicción de que la imagen y semejanza de Dios está presente en cada ser humano y que la mano de Dios se puede ver en todo lo que crea. Los seres humanos fueron creados santos, con una profunda dignidad inherente a su ser. La Escuela Franciscana de Teología, al formar ministros

---

[1] https://web.archive.org/web/20250000000000*/synod.va

laicos y futuros ministros, enfatiza la bondad fundamental de la persona humana y de toda la creación. Tomar en serio la reflexión de Dios al final de cada día de la creación: "Y vio que era (muy) bueno" (Gn 1), el ministerio significa ver la bondad en cada persona y escuchar la voz de Dios en sus vidas y necesidades. Enfatizar la bondad humana no niega la realidad del pecado y el mal, sino que la pone en perspectiva. Sí, los seres humanos pecan. Sin embargo, la bondad de Dios nunca puede ser superada por la pecaminosidad humana. Los seres humanos siempre son buenos en su esencia.

El ministerio de la escucha ofrece un espacio para testimoniar la bondad que reside en cada persona. El reconocimiento y el sentido de pertenencia a través de la presencia y la escucha contribuyen profundamente a sanar las divisiones y la polarización que existen en el mundo. En palabras de San Francisco de Asís, afirmadas por el Papa Francisco, todos somos hermanos y hermanas entre nosotros, *Fratelli tutti.* Que la práctica de la sinodalidad y la escucha profunda nos recuerden a todos nuestra humanidad común y la imagen compartida de Dios en nosotros.

Juliet Mousseau, RSCJ, PhD, es religiosa del Sagrado Corazón de Jesús. Se desempeña como vicerrectora de Asuntos Académicos en la Escuela Franciscana de Teología en San Diego, California (Franciscan School of Theology in San Diego, California). También es profesora de teología histórica con especialización en la Edad Media.

La **Escuela Franciscana de Teología** es una escuela de posgrado que prepara a hombres y mujeres, laicos y religiosos, para el ministerio. Guiada y regida por la Orden de los Frailes Menores (Franciscanos) en su misión educativa, vida comunitaria y programas de grado, la Escuela Franciscana dialoga las cuestiones de la cultura, la sociedad y la Iglesia contemporáneas con la Palabra del Evangelio, siempre antigua y siempre nueva.

¿Es la educación (teológica) una pérdida de tiempo?

Enoh Šeba

Todavía recuerdo vívidamente cuando, hace unos treinta años, un profesor mío comentó con ironía: "¡La educación se desperdicia en los jóvenes!". En aquel momento, me pareció algo inusual y quizás provocador para un teólogo, dado que se ganaba la vida enseñando principalmente a jóvenes. Estaba dispuesto a atribuirlo a su peculiar sentido del humor.

Hoy, sin embargo, esta afirmación es casi de conocimiento público. Iglesias y denominaciones en diferentes partes del mundo luchan por atraer nuevos candidatos ministeriales. Los jóvenes cristianos rara vez consideran que un título en teología sea una vía prometedora para su desarrollo profesional. Incluso cuando están dispuestos a contribuir a sus congregaciones locales o a aportar una perspectiva cristiana a su vida profesional, no ven la inversión de dos o tres años en un título teológico adecuado como una opción atractiva como antes.

De hecho, esto podría ser solo una pequeña parte de un problema mucho mayor. Si bien existen diferencias regionales, muchos somos dolorosamente conscientes de que la educación teológica académica tradicional está perdiendo constantemente su atractivo. Las escuelas e instituciones teológicas tienen dificultades para convencer a ministros con poca o ninguna formación teológica previa de que inviertan en educación continua para apoyar sus ministerios, evitar el estancamiento y abordar los desafíos siempre cambiantes del mundo contemporáneo. Esta dificultad se intensifica aún más en situaciones donde las iglesias tradicionalmente desconfían de la teología académica, considerándola distante e inútil en el campo. En las universidades que antes contaban con facultades de teología o departamentos de teología, donde se enseñaba teología propiamente dicha, ahora solo encontramos estudios religiosos o estudios comparativos de la religión.

Estos problemas son suficientes para hacernos preguntar si la pregunta del título debería reformularse como: "¿Es la educación teológica una pérdida de tiempo?". Estoy convencido de que responder a esta pregunta requiere que primero consideremos otra: "¿Qué tipo de educación teológica?". En cierto sentido, la necesidad de formación teológica es más fuerte que nunca. Sin embargo, para que esta necesidad se reconozca y se satisfaga competentemente, nosotros, como educadores teológicos, debemos estar dispuestos a reevaluar nuestro enfoque de la educación teológica. Lo que voy a sugerir no es radicalmente nuevo ni inédito. Ya se han desarrollado diversos programas y cursos de alta calidad en todo el mundo que tienen en cuenta todas estas preocupaciones. Este es solo un breve resumen de las características que la educación teológica actual debería incorporar para que sea digna del tiempo y los recursos de las personas.

Hazlo para toda la vida

La distinción entre educación formal e informal es más difusa que nunca. Si bien los títulos formales y acreditados siguen siendo valiosos y se consideran un sello distintivo de la educación teológica, cada vez más personas reconocen la creciente importancia de los programas de formación informales de corta duración que no requieren cualificaciones formales. Esto hace que la educación teológica sea más accesible y accesible, incluso para quienes no han adquirido amplios conocimientos teológicos durante su desarrollo profesional. Al mismo tiempo, estos programas crean oportunidades para que las personas continúen su aprendizaje en etapas posteriores de la vida, garantizando que la educación teológica no sea solo para los jóvenes. Esto es particularmente ventajoso, ya que las iglesias reconocen las contribuciones de sus miembros mayores. Estos miembros pueden no ser personal ministerial de tiempo completo, pero mantienen una actitud de aprendizaje y están abiertos a nuevos conocimientos, experiencias y habilidades. Este cambio debe ser aceptado, pero algunas instituciones educativas aún necesitan adaptarse y dejar de tratar los programas sin titulación y los cursos de corta duración como inferiores.

Bienvenida flexibilidad y contextualidad

No se necesita mucho discernimiento ni una investigación exhaustiva para concluir que vivimos en un mundo afectado por cambios rápidos y sin precedentes. A lo largo de su vida, cada uno de ustedes probablemente ha presenciado varios cambios culturales importantes, ha experimentado varias crisis globales y ha visto cómo las dinámicas interreligiosas experimentan constantes transformaciones. La presencia y la misión cristianas requieren una respuesta a estos cambios, y la educación teológica desempeña un papel indispensable en la articulación de estas respuestas.

El problema radica en que la mayoría de los títulos teológicos, que requieren varios años para completarse, no son lo suficientemente flexibles para adaptarse a la velocidad de los cambios que enfrentan los estudiantes. Generalmente, la modificación y posterior reacreditación de los programas de pregrado o posgrado lleva tiempo. Al finalizar este proceso, pueden haber surgido nuevas necesidades y desafíos. Por ello, los programas y cursos más cortos y flexibles, que no requieren procedimientos académicos complejos para su lanzamiento e implementación, pueden ser una excelente incorporación a los títulos tradicionales existentes.

Este sentido de flexibilidad también puede permitir a cada estudiante crear un currículo que se ajuste a sus necesidades y recursos limitados, preparándolos mejor para adaptar su ministerio y testimonio a nuevas realidades. Además, la adaptabilidad en el diseño de dicha educación abre la puerta a contenido altamente contextualizado. A pesar de la fuerte influencia de la globalización, las condiciones locales siguen siendo un factor clave en el desarrollo exitoso de soluciones prácticas y sostenibles, y la educación teológica no es una excepción. Enseñar teología mientras se está anclado en una posicionalidad contextual aumenta en gran medida la probabilidad de transmitir competencias que ayudarán a los estudiantes a ser culturalmente relevantes y conscientes de su identidad. Además, las oportunidades de aprendizaje que permiten a los estudiantes permanecer comprometidos con sus contextos profesionales, sociales, eclesiales y familiares (a diferencia de los estudios de tiempo completo que involucran un desapego físico de estos contextos) significan que el conocimiento adquirido puede probarse y evaluarse constantemente en entornos de la vida real.

Implementar la teoría del aprendizaje de adultos

El campo de las teorías educativas del aprendizaje es ciertamente fascinante. Cada una tiene sus propias ventajas y méritos. Sin embargo, a la hora de moldear las formas contemporáneas de la educación teológica, creo que se debe prestar especial atención a la andragogía. Hay varias razones para ello.

En primer lugar, como se mencionó anteriormente, la mayoría de los participantes en los procesos educativos son adultos. Por lo tanto, su autoconcepto suele estar bien desarrollado, a diferencia del de los niños (o incluso de los jóvenes). Esto tiene al menos dos consecuencias: los estudiantes adultos pueden participar en la dirección de su propio proceso de aprendizaje y pueden encontrar motivación interna. En segundo lugar, los estudiantes adultos (especialmente los mayores) cuentan con una amplia experiencia de la que sacar provecho. A menudo, están muy comprometidos con la materia y aportan con gusto sus conocimientos y experiencia. En tercer lugar, cuando deciden retomar sus estudios, están listos para aprender, pero buscan enfoques prácticos. Su deseo de aprender suele surgir de cuestiones relacionadas con el trabajo, su vida personal o el ministerio en la iglesia o la comunidad. Finalmente, estas personas no están interesadas en memorizar contenido; más bien, están interesadas en resolver problemas de la vida real.

La teoría del aprendizaje de adultos no debe aplicarse como una solución universal para todas las necesidades educativas. Sin embargo, sus principios pueden utilizarse para desarrollar métodos de aprendizaje más eficaces para estudiantes adultos con una participación activa.

Preservar la dimensión comunitaria y formativa

Históricamente, la educación cristiana se ha entendido como el fomento de comunidades de aprendizaje donde las personas reciben conocimiento académico y experimentan formación espiritual. Mantener este énfasis puede ser mucho más difícil en el panorama educativo actual, donde abundan las oportunidades de aprendizaje remoto y en línea. Si bien las recomendaciones anteriores pueden parecer fomentar un enfoque individualizado o incluso individualista de la educación teológica, creo firmemente que es crucial no olvidar que la fe cristiana siempre debe explorarse en comunidad. Los estudiantes se necesitan mutuamente para dialogar. Para agudizar la comprensión mutua, deben hacer de su indagación una reflexión compartida. Para escuchar voces diversas, necesitan oportunidades para escuchar a los demás. Para formarse a través de su aprendizaje, los estudiantes necesitan humildad en relación con sus compañeros. Todo esto solo es posible si los educadores construyen y mantienen intencionalmente un espacio en el que una comunidad de estudiantes pueda prosperar.

Aunque la pregunta "*¿Es la educación teológica una pérdida de tiempo?*" pueda parecer apremiante o incluso inquietante, creo que nos irá mejor si centramos nuestra energía en otra pregunta: "*¿Qué tipo de educación?*" Sería poco realista esperar que esta cuestión se resuelva rápidamente y luego se deje de lado. De hecho, es más probable que los educadores cristianos tengan que abordarla a largo plazo. Sin embargo, solo mediante la continua reflexión sobre esta cuestión la exploración teológica se mantendrá vibrante y relevante a medida que surjan nuevos temas y contextos.

Aquí, en el Centro Internacional de Estudios Teológicos Bautistas de Ámsterdam, solemos decirles a nuestros estudiantes de doctorado que no somos una fábrica de doctorados. Con esto, queremos decir al menos dos cosas. En primer lugar, que la educación teológica es algo inherentemente orgánico y en constante cambio para nosotros, y está sujeta a las dificultades que nos impone la vida en el mundo contemporáneo. En segundo lugar, creemos que la educación se centra en el crecimiento y la madurez de la persona en su totalidad, así como de sus comunidades. Estoy profundamente convencido de que, mientras nos adhiramos a estos principios, la educación teológica nunca será un desperdicio de recursos.

El Centro Internacional de Estudios Teológicos Bautistas (The International Baptist Theological Study Centre, IBTS) de Ámsterdam es una institución teológica bautista de posgrado afiliada a la Federación Bautista Europea, fundada originalmente en 1949. Tras operar en Rüschlikon (Suiza) y posteriormente en Praga, se trasladó en 2014 a Ámsterdam, donde funciona como centro colaborador con la Facultad de Religión y Teología de la Universidad Libre de Ámsterdam. El IBTS se especializa en formación doctoral, investigación y liderazgo en identidad, misión y práctica bautistas, a la vez que mantiene una sólida biblioteca de investigación y una comunidad académica internacional. El IBTS trabaja extensamente con estudiantes en países en desarrollo.

El Dr. Enoh Šeba es el actual Director del Centro Internacional de Estudios Teológicos Bautistas (IBTS) en Ámsterdam, cargo que asumió el 1 de septiembre de 2024, sucediendo al Dr. Mike Pears. Originario de Zagreb, Croacia, Šeba tiene un doctorado del Spurgeon's College (Universidad de Chester) y anteriormente obtuvo su maestría en el IBTS. Durante dos décadas anteriores, se desempeñó como Secretario y Profesor Adjunto de Teología Práctica en la Facultad de Teología Matthias Flacius Illyricus en Zagreb, impartiendo cursos de homilética, liturgia, metodología de la investigación y más, a la vez que dirigía estudios empíricos de congregaciones de minorías protestantes en Croacia. Sus actuales intereses de investigación se centran en la predicación (especialmente en cerrar la brecha entre predicador y oyente), la innovación litúrgica y las expresiones prácticas de la unidad cristiana, combinando métodos empíricos con la reflexión teológica.

Reflexiones sobre la banalización del conocimiento
Sobre la IA y la cultura oral antigua

Suheil Laher

"¡Lámparas nuevas para viejas!" Abanazar, el malvado hechicero del clásico cuento de Aladino, contaba con la inclinación de los humanos por lo nuevo para recuperar la vieja pero valiosa lámpara mágica. Nuevo no significa necesariamente mejor, y de hecho, como nos recuerda el poema "Lámparas nuevas" de Rudyard Kipling, la llamada a reemplazar lo antiguo a veces está inspirada por el diablo. Con la revolución de la Inteligencia Artificial (IA) ya en marcha, nos corresponde, como educadores teológicos, detenernos a reflexionar sobre los pros y los contras de este asombroso nuevo desarrollo. Como representante de un seminario musulmán en la comunidad DTL de instituciones mayoritariamente cristianas, consideré apropiado compartir algunas reflexiones sobre bibliotecas, IA y educación, reflexiones que se basan en la tradición del siglo XV de la erudición musulmana (islámica).

Debemos recordar que esta no es la primera revolución relacionada con la mecánica de la transmisión del conocimiento. La transmisión oral fue la norma en muchas sociedades antiguas, incluyendo la de la Arabia del siglo VII, donde nació Mahoma, el último profeta del Islam (los musulmanes reconocen a todos los profetas de Dios, incluyendo a Noé, Abraham y Moisés, siendo Jesús también uno de los profetas más importantes). El profeta Mahoma, iletrado, promovió la alfabetización entre sus seguidores e hizo que los escribas escribieran el Corán, su revelación divina. Sus seguidores inmediatos discreparon sobre si debían escribirse las propias palabras del Profeta (el *hadiz*), basándose en varios factores, uno de los cuales pudo haber sido el desprecio por lo escrito sobre lo oral y el temor a que la memoria se embotara. Un milenio antes, el filósofo griego Sócrates había desaprobado la escritura por esta misma razón. Aunque un par de generaciones después surgió un consenso efectivo entre los eruditos musulmanes sobre la conveniencia de la escritura, la transmisión oral del conocimiento religioso de un maestro recto todavía se consideraba más privilegiada. El renombrado juez malikí cordobés Ibn Rushd (fallecido en 1126, abuelo del filósofo Averroes) comentó: "En la época primitiva, el conocimiento residía en el corazón de los hombres, y posteriormente se transcribió en pieles de animales, pero las claves para acceder a él permanecieron en el corazón de los hombres". Incluso después de que los hadices se recopilaran en libros, su contenido se transmitía oralmente, una práctica que ha continuado hasta nuestros días.

El erudito jesuita estadounidense Walter Ong (fallecido en 2003) ha escrito extensamente sobre las ventajas y desventajas de la oralidad y la escritura, y también ha analizado cómo el auge de la escritura (y posteriormente de la imprenta) reestructuró la conciencia humana. Observó que la escritura facilita el pensamiento abstracto y la precisión, a expensas del desapego de las emociones y la experiencia vivida. Esta observación me sirve de recordatorio, como educador teológico musulmán, de la tensión entre la erudición desapasionada y emocional, por un lado, y la erudición ideológica, por otro. Los académicos religiosos debemos abordar esta tensión con cuidado. La disponibilidad de una gran cantidad de libros y otros recursos, como los que facilita DTL, puede ser una maldición o una bendición. Debemos evitar la tentación del sesgo de confirmación, a veces con el pretexto de concentrarnos en profundizar en nuestra propia confesión. Al leer perspectivas diferentes y opuestas, podemos abrirnos a cuestionar nuestras suposiciones, a la introspección y a refinar continuamente nuestra comprensión de Dios y del mundo. Un sabio musulmán dijo: "La humildad consiste en aceptar la verdad sin importar quién la diga". Como musulmán (una vez más), me he beneficiado de la lectura de autores de diferentes confesiones, lo que me ha permitido comprender mejor los puntos en común, los paralelismos y las diferencias. El judaísmo, el cristianismo y el islam tienen conexiones particularmente fuertes y muchos puntos en común, que debemos animar a nuestros estudiantes a explorar y celebrar.

En las sociedades orales, la memoria tiende a ser más fuerte. Basándose en el privilegio de lo oral, norma en la tradición académica musulmana, los estudiantes solían memorizar poemas didácticos, e incluso textos en prosa, antes (o en paralelo) de aprender su explicación detallada. La memorización como herramienta pedagógica tiene claros beneficios, pero también posibles inconvenientes. Entre ellos se encuentra el ejercicio y el desarrollo cerebral, y me temo que el uso descontrolado de la IA está poniendo en peligro este aspecto, con un número cada vez mayor de estudiantes que la utilizan para escribir ensayos, e incluso de profesores que la utilizan para resumir artículos. Un estudio reciente del MIT (aunque aún no ha sido revisado por pares), analizado en un artículo de la revista *Time* por Andrew Chow, concluyó que, si bien la IA podría aumentar la productividad y la eficiencia, reduce la motivación y el compromiso intelectual de las personas. El estudio sugiere que el uso prolongado de la IA conduce a una peor memoria de la producción asistida por IA y es perjudicial para el pensamiento crítico. Me recuerda las palabras de Oscar Wilde:

> *"¡Oh!" gritaron, "El mundo es ancho,*
> *¡Pero los miembros encadenados se vuelven cojos!*[1]

La atrofia cerebral es un pensamiento aterrador, especialmente en el contexto teológico musulmán de la obligación moral de dar gracias a Dios haciendo un buen uso de los órganos y herramientas que nos han sido otorgados. Se podría replicar que liberar al cerebro de este trabajo nos permite dirigir nuestros esfuerzos a otras cosas más elevadas. Puede que sea así, y está por verse, pero aún existe el peligro de que muchos simplemente usen la IA como atajo y no vayan más allá.

Otro peligro del apego descontrolado a la tecnología es la soledad y el aburrimiento, y durante la pandemia de COVID-19 presenciamos un aumento de los problemas de salud mental, especialmente entre los jóvenes. Como he mencionado, el conocimiento solía transmitirse mediante la interacción cara a cara en la tradición académica musulmana, especialmente en los primeros siglos. El estudiante del conocimiento sagrado solía estudiar primero con los eruditos de su localidad y luego viajar a otras ciudades y tierras para adquirir conocimiento de los eruditos locales. Dichos viajes (denominados ri ḥ la) eran parte integral de la vida académica en todas las disciplinas. Nadie sería considerado un erudito en serio sin haber viajado en busca de conocimiento. Los beneficios del *ri ḥ la*

---

[1] "The Ballad of Reading Gaol" https://web.archive.org/web/20160101000000*/http://www.ricorso.net/rx/library/authors/classic/Wilde_O/poetry/Ballad.htm

incluyen la ampliación de horizontes, el desarrollo personal (incluyendo el aprendizaje de la resiliencia al soportar las dificultades y dificultades del viaje) y el aprendizaje de la moral y la buena etiqueta mediante la interacción con maestros rectos.

Al reflexionar sobre el fácil acceso al conocimiento en la era digital, no puedo evitar preocuparme por la posibilidad de que los estudiantes de hoy (especialmente con la llegada de la IA) no aprecien plenamente el valor y la sacralidad del conocimiento; "fácil viene, fácil se va", como dice el refrán. La tecnología, y en especial la IA, ha contribuido a banalizar el conocimiento. La facilidad con la que a menudo adquirimos conocimiento en la era digital es un problema que ahora se ve agravado por la reorganización del conocimiento existente mediante la IA. Esto se puede contrarrestar parcialmente recordando a nuestros estudiantes que el verdadero conocimiento es aquel que se pone en práctica para el mejoramiento personal (incluyendo una mejor conexión con el Creador) y del mundo. Como dijo el asceta Hasan al-Basri (m. 728): "El conocimiento es de dos tipos: el conocimiento [solo] en la lengua es la prueba de Dios contra el hijo de Adán, [mientras que] el conocimiento [internalizado en] el corazón es el [tipo de] conocimiento beneficioso".

Es probable que la IA haya llegado para quedarse, pero propongo que, como educadores teológicos, tengamos el deber de recordar constantemente a nuestros estudiantes que aprovechen la gran cantidad de materiales de lectura digitales con sabiduría, mediante una interacción sincera y profunda con el material, evitando la tendencia a usar la IA como atajo. También quiero destacar la importancia de la dimensión humana, no solo la mera interacción, sino también la inculcación de valores morales, que es parte esencial de la formación del seminarista. No sabemos qué nos deparará el futuro, ni a nosotros ni a nuestros estudiantes, pero podemos esperar y rezar para que nos beneficiemos de lo nuevo sin perder los beneficios de lo antiguo y de eficacia comprobada.

Suheil Laher es Profesor Adjunto de Estudios Islámicos y Profesor Principal en el Seminario Islámico de Boston, y Profesor Asociado en Estudios Coránicos en la Universidad Internacional de Hartford (Hartford International University). Anteriormente se desempeñó como Decano Académico en el Instituto Fawakih de Árabe Clásico (donde sigue siendo Asesor Curricular Senior), y antes de eso como Capellán Musulmán en el Instituto Tecnológico de Massachusetts. Recibió una Maestría en Estudios Religiosos de la Universidad de Boston y un Doctorado en Lenguas y Civilizaciones del Cercano Oriente de la Universidad de Harvard. También tiene *ijazahs* (autorizaciones tradicionales) en teología islámica, ley islámica, hadiz y otras disciplinas islámicas. Sus publicaciones incluyen un libro (*Tawātur in Islamic Thought Transmission, Certitude and Orthodoxy*, Edinburgh University Press, 2024), así como varios artículos de revistas, ensayos de revisión y reseñas de libros.

Seminario Islámico de Boston: La misión del Seminario Islámico de Boston (Boston Islamic Seminary, BIS) es preparar líderes religiosos musulmanes estadounidenses ejemplares y profesionales para un servicio compasivo a la sociedad. La visión se concibió en 2008, y el BIS se constituyó oficialmente como entidad legal en 2015. Desde entonces, el BIS ha ofrecido diversos programas educativos para estudiantes adultos, incluyendo un Programa de Educación Continua, Certificados de Desarrollo Profesional, talleres, becas y charlas públicas sobre libros. En diciembre de 2020, se alcanzó un hito significativo cuando la Junta de Educación Superior de Massachusetts (MABHE) otorgó al BIS la autoridad para otorgar una Maestría en Liderazgo Religioso Islámico (MIRL).

La sabiduría de los siglos y de los tiempos

Ora Horn Prouser

Tradicionalmente, las personas deciden ordenarse como rabinos o cantores a temprana edad, y muchos comienzan sus estudios en el seminario inmediatamente después de la universidad. Esto tiene un gran valor. Empiezan el exigente currículo de la formación rabínica o cantorial mientras aún cursan estudios universitarios o de posgrado, afianzados en el ciclo y la estructura académica, y pueden anticipar largas carreras al servicio del pueblo judío. Al mismo tiempo, esto significa que sirven a personas y comunidades que buscan sabiduría y apoyo tanto en momentos felices como tristes de la vida, sin haber experimentado realmente mucho de ella. Muchos comienzan a oficiar funerales después de haber asistido a muy pocos funerales, y quizás sin haber experimentado la muerte de algún familiar cercano. De igual manera, brindan asesoramiento prematrimonial mientras viven solteros o llevan poco tiempo casados. Si bien entiendo que esta es una manera perfectamente legítima y poderosa de comenzar una carrera en el clero, significa que el joven rabino adquirirá experiencia vital mientras ya sirve a su comunidad.

En la Academia de Religión Judía, un seminario judío pluralista y escuela de posgrado, nuestros estudiantes han cursado principalmente segundas y terceras carreras durante la mayor parte de nuestros casi setenta años de historia. Si bien algunos tienen veintitantos años, la mayoría tiene entre treinta y setenta. Tenemos estudiantes que comienzan su formación sacerdotal tras jubilarse de carreras profesionales en otros campos. Si bien algunos estudian simplemente por placer, la mayoría estudia para servir. Llegan a sus estudios y a sus puestos de trabajo con una rica y variada experiencia vital. Han celebrado y lamentado; han trabajado en carreras profesionales; han aprendido de todas las personas con las que han interactuado a lo largo de los años; han visto muchas formas de vida diferentes. Comprenden mejor la diversidad de la experiencia humana y la aplican en su trabajo. Al mismo tiempo, siguen el mismo currículo que nuestros estudiantes más jóvenes, y necesitan aprender la misma cantidad de hebreo, literatura sagrada y todo lo demás incluido en el programa de estudios prescrito.

Aunque pueda parecer inusual tener estudiantes de segunda carrera (de hecho, a menudo se les llama "estudiantes no tradicionales"), comenzar una carrera a una edad avanzada en realidad está arraigado en la tradición judía. El rabino Akiva, un rabino del siglo I al II d.C., comenzó a estudiar a la edad de cuarenta años. Luego se convirtió en uno de los rabinos más importantes del período rabínico temprano. Era un hombre sin educación antes de comenzar el aprendizaje sagrado, necesitando comenzar desde el principio y aprendió a leer junto con sus hijos. Se cuenta la historia de que vio cómo el agua podía desgastar la piedra y dedujo de ese hecho que el esfuerzo constante e intenso puede conducir a cualquier logro. Así, se convirtió en un modelo de la persistencia, la dedicación y el trabajo necesarios para alguien que llega al aprendizaje en una etapa posterior de la vida. Al mismo tiempo, es un modelo de las recompensas de ese esfuerzo y trabajo duro.

Para evitar pensar que Rabí Akiva es el único modelo a seguir, basta con consultar la Torá para ver que Moisés comenzó su carrera a los ochenta años. A esa edad avanzada, asumió la tarea de liderar a los israelitas y servir como profeta de Dios. Moisés se sentía incompetente para ser ese líder, como lo demuestran sus reacciones ante la zarza ardiente, afirmando que no tenía lo necesario para serlo. Afirmó que no tenía la posición, el conocimiento, el poder, el talento ni la capacidad de oratoria necesarios para dirigir a los israelitas. Sin embargo, Dios le aseguró a Moisés que sí tenía lo que necesitaba, ya que Dios, y luego su hermano Aarón, estarían con él para brindarle apoyo y asistencia. La cuestión es que, si bien Moisés se sentía incompetente y desvalido, Dios estaba seguro de su elección y sabía que podía lograrlo. De igual manera, vemos que nuestros estudiantes, que llegan a nosotros en edades más avanzadas, pueden estar preocupados por las deficiencias percibidas, pero nosotros vemos el talento, la pasión, la fuerza y la capacidad. A veces jugamos el papel de Aarón, ayudándoles a lograr aquello que no creían que podían lograr.

A lo largo de los años, hemos aprendido mucho sobre los estudiantes adultos y cómo podemos ayudarlos a alcanzar sus sueños. Por ejemplo, necesitan seguir sintiendo que siempre se les trata como adultos, con respeto y confianza, lo cual refleja su madurez y desarrollo. Debemos recordar que cada uno de ellos tiene una vida plena fuera de la escuela, que incluye familia, compromisos profesionales y responsabilidades comunitarias, y necesitan saber que lo comprendemos. En ocasiones, debemos prestar atención a situaciones físicas, como el tamaño de la letra, el uso de micrófonos y audífonos, y el apoyo tecnológico adicional. Además, necesitan comprender la importancia del trabajo que realizan y su relevancia para su trabajo.

Por supuesto, hay más, pero la conclusión más importante a la que hemos llegado es que el mundo judío se enriquece enormemente gracias al servicio de quienes se forman como clérigos como una segunda o tercera carrera. La Torá concluye observando que "Nunca más surgió en Israel un profeta como Moisés" (Deuteronomio 34:10). Aun así, todo rabino atribuye su ordenación a ese líder sin igual. Los estudiantes adultos y los clérigos de segunda carrera pueden, además, identificar en Moisés un precedente alentador para sus propios caminos profesionales y religiosos.

La Dra. Ora Horn Prouser es la directora ejecutiva y decana académica de la Academia para la Religión Judía. Obtuvo su licenciatura y doctorado en el Seminario Teológico Judío, así como su licenciatura en la Universidad de Columbia. Ha publicado extensamente sobre la Biblia, centrándose en estudios sobre discapacidad, género y análisis literario. Su libro, *Esau's Blessing*: *How the Bible Embraces Those with Special Needs,* fue finalista del Consejo Nacional del Libro Judío en 2012 y ganador de la medalla de oro en los Premios al Libro de Necesidades Especiales de 2016. Su libro, *Under One Tent: Circus, Judaism, and Bible,* abre nuevos caminos en el uso del movimiento y las artes circenses en el estudio del texto bíblico. Sus libros más recientes, coeditados (*Seder Interrupted: A Post October 7 Haggadah Supplement, These Holy Days: A High Holy Days Supplement After October 7, An Upside-Down World: Esther and Antisemitism,* y *Maybe There is Hope: A Tisha B'av Supplement*), son algunos de sus libros más recientes. Danos la oportunidad de luchar con las festividades judías en el mundo posterior al 7 de octubre.

La Academia para la Religión Judía (Academy of Jewish Religion, AJR) permite que candidatos cualificados de todas las geografías, situaciones vitales y perspectivas de la vida judía se conviertan en clérigos para servir a la comunidad judía. La flexibilidad y el enfoque personalizado de la escuela, junto con su rigor académico acreditado, atienden a una amplia gama de estudiantes y han hecho que AJR adopte el pluralismo como un verbo de acción. Valoramos la diferencia y la oportunidad de experimentarla profunda y significativamente. Capacitamos a nuestro clero para que interactúe activamente entre sí, con las tradiciones judías y con el mundo, a fin de liderar con profunda intención, curiosidad y apertura al aprendizaje compartido.

Parte III

Innovaciones en la educación y formación teológica

Ya se están desarrollando nuevos experimentos en la educación teológica. Educadores e instituciones están probando modelos alternativos, prácticas creativas y herramientas emergentes con la esperanza de servir a los estudiantes y a las comunidades de forma más eficaz. Los ensayos de esta sección exploran estas innovaciones, basándose tanto en la experiencia práctica como en la imaginación optimista. El objetivo no es prescribir un único camino a seguir, sino animar a los lectores a aprender de lo que se está probando y a aplicar el espíritu de experimentación a sus propios contextos.

Listos, fuego, apunten
Recopilación de información y toma de decisiones en tiempos de incertidumbre

Thomas E. Phillips

En mi rol como director ejecutivo del DTL, trabajo con muchos administradores de seminarios. Si algo me ha enseñado observar a estos profesionales dedicados y trabajadores, es simplemente esto: los administradores de seminarios viven en un mundo de cambios acelerados. Las presiones financieras, las fluctuaciones en la matrícula, los cambios culturales y la disrupción tecnológica hacen que los mares que navegaban los administradores hace apenas unos años ya no sean los mismos. En medio de tal volatilidad, los antiguos modelos de toma de decisiones lenta, prolongada y prolongada simplemente no son viables. Este ensayo explora un proceso de recopilación de información y toma de decisiones apropiado para el panorama contemporáneo de la educación teológica.

Un cuento del DTL

En la mayoría de los aspectos, el DTL ha sido una historia de éxito y crecimiento, tanto institucional como misional. El DTL se fundó en 2016 e inicialmente atendió a dos seminarios. En la primavera de 2025, el DTL sirvió como la biblioteca principal, y por lo general la única, para poco más de 100 seminarios en países desarrollados y para un número mucho mayor en países en desarrollo. También atiende a miles de profesionales religiosos en Norteamérica a través de su Seminary BookShelf y a cientos de miles de investigadores más a nivel mundial a través de su DTL de Acceso Abierto. El DTL gestiona la mayor colección de contenido digital sobre estudios religiosos del mundo, proporcionando a sus miembros, incluso a escuelas muy pequeñas, una biblioteca de investigación de primer nivel en este campo. El DTL también está estableciendo su propia editorial.

Cuando me preguntan cómo el DTL pudo crear una institución tan exitosa en la industria cada vez más reducida de la educación teológica, siempre respondo de la misma manera: trabajo con gente realmente excelente (el DTL ahora tiene 10 empleados) y practicamos la filosofía de "Listos, fuego, apunten".

En lugar del modelo tradicional "Preparados, Apunten, Fuego", que enfatiza la preparación y la precisión antes de actuar, el DTL cree que un liderazgo eficaz en el entorno actual exige la disposición a actuar con decisión una vez que la evidencia predominante sugiera la sensatez (o necesidad) de un determinado curso de acción, incluso ante la incertidumbre reconocida. Tras tomar estas medidas iniciales, los líderes pueden afinar sus estrategias basándose en la retroalimentación en tiempo real y las realidades cambiantes. "Preparados, Apunten, Fuego".

El ciclo de la información en la toma de decisiones

Todos desean tomar decisiones sólidas y basadas en datos. Esto implica recopilar información y actuar en consecuencia de forma coherente con la misión y los valores de la institución. Suponiendo que la misión y los valores de la institución estén claros, *lo difícil del proceso es saber cuánta información es suficiente.*

Consideremos la lección de la pandemia. Mucho antes de la pandemia, la mayoría de los académicos comprendían que internet y sus tecnologías asociadas iban a transformar los sistemas educativos. Todos en seminarios, funcionarios denominacionales y agencias de acreditación hablaban, reflexionaban, reflexionaban y reflexionaban sobre estos cambios... Sin embargo, los cambios reales y sustanciales eran poco frecuentes. Luego llegó la pandemia y se produjeron cambios profundos en cuestión de días.

La lección de la pandemia debería ser clara: no se necesita tanto tiempo para lograr un cambio radical. El problema casi siempre reside en la falta de determinación, no en la falta de comprensión ni en la capacidad limitada. El problema casi nunca reside en la falta de información.

I. Listo

El mito de la información completa

Los líderes que anhelan información completa antes de actuar son como la persona que dice: "Listos, apunten... apunten... apunten... apunten...", pero que nunca dispara. Su indecisión constante crea un entorno estancado donde nada cambia realmente (siempre es posible afirmar con credibilidad que aún no se tienen todos los datos). Este estado constante de preparación, sin resolución, agota la energía de los innovadores y, en última instancia, lleva a los agentes de cambio a abandonar la organización frustrados. *Cuando las decisiones se posponen perpetuamente, la institución pierde a sus pensadores más dinámicos, quienes son precisamente los más capaces de liderarla hacia el futuro. La indecisión puede ser la forma en que el cobarde evade la responsabilidad.*

Los administradores suelen verse paralizados por el miedo a actuar sin un conocimiento perfecto y completo. Esta parálisis por análisis, o lo que algunos llaman "inercia decisoria", se deriva de la creencia errónea de que las decisiones acertadas requieren datos exhaustivos. En realidad, esperar a tener toda la información rara vez conduce a mejores resultados. En cambio, evitar el cambio suele provocar que las instituciones pierdan oportunidades estratégicas y simplemente fracasen de forma habitual. *Fracasar de forma habitual y cómoda sigue siendo fracasar.*

En la práctica, la búsqueda de información completa conlleva reuniones interminables, estudios prolongados, análisis repetitivos, demoras en la toma de decisiones y una creciente sensación de estancamiento institucional. Para cuando finalmente se toma una decisión, las oportunidades han pasado, los recursos se han desperdiciado y la eficacia de la misión se ha visto comprometida. De hecho, el contexto puede haber cambiado tan drásticamente que la decisión ya no es relevante. El objetivo se movió durante el proceso de puntería.

De hecho, en épocas de cambios rápidos, el mayor peligro no es tomar la decisión equivocada, sino no tomar ninguna. La indecisión genera desvío institucional, mina la moral y transmite un mensaje de incertidumbre y miedo. En contextos de rápida evolución, el costo de la vacilación puede superar con creces las consecuencias de un paso en falso. La valentía para actuar con decisión es a menudo lo que distingue a las instituciones prósperas de las que están en declive.

El principio de la preponderancia de la evidencia

La solución no es abandonar el liderazgo basado en la evidencia, sino recalibrar qué constituye evidencia "suficiente". Los líderes de seminarios deben sentirse cómodos actuando con base en la preponderancia de la evidencia. Esto significa *actuar con base en probabilidades, no en certezas;* en una inclinación de la balanza, no en pruebas absolutas.

Cuando los datos disponibles, las aportaciones de las partes interesadas y las realidades del contexto sugieren que una determinada dirección probablemente sea acertada, los líderes deben considerarse "preparados". Deben entonces estar dispuestos a "accionar", es decir, a tomar la decisión, implementar la iniciativa o iniciar la nueva estrategia.

A medida que los líderes se acercan a la probabilidad de un determinado curso de acción, su enfoque para la recopilación de evidencia debe cambiar. Al principio del proceso de toma de decisiones, es natural buscar evidencia que sustente la justificación para actuar. *Pero a medida que la decisión se vuelve cada vez más convincente, el papel de la evidencia debe pasar de la justificación a la falsificación.* Los líderes deberían empezar a preguntarse no "¿Por qué deberíamos hacer esto?", sino "¿Existe alguna razón convincente para no hacerlo?".

Este cambio de mentalidad hacia la falsificación garantiza que los administradores no se vean sorprendidos por problemas predecibles. Una buena toma de decisiones anticipa contraargumentos, aborda riesgos potenciales e incorpora salvaguardas. No basta con construir un argumento sólido a favor de la acción; los líderes deben buscar activamente evidencia que pueda invalidar o cuestionar significativamente el curso propuesto. Si no surge tal contraevidencia (o si solo se encuentran complicaciones menores y manejables), el líder puede avanzar con mayor confianza, preparado para correcciones a mitad de camino. Cuando los responsables de la toma de decisiones no encuentran una razón convincente para retrasar la acción, es hora de actuar. ¡Fuego!

Para ser claros, un intento decidido de refutar la propia teoría, refutar la propia opinión o demostrar la insensatez de un curso de acción preferido no es lo mismo que hacer caso a los detractores. Nunca faltarán los escépticos que prefieren lo conocido a lo desconocido. En cambio, este cambio hacia la refutación es una protección contra el pensamiento colectivo y el consenso prematuro. Aun así, en algún momento, las objeciones se hacen evidentes y pueden ser atendidas, negadas, justificadas o incluso descartadas (todos nos dijeron que la idea detrás de la DTL, la idea de una biblioteca digital de propiedad compartida, nunca funcionaría, pero nuestro equipo fundador encontró la manera de sortear los obstáculos).

Busque suficientes pruebas positivas, luego busque las pruebas en contra y luego actúe. *Si las pruebas positivas son convincentes y las pruebas en contra no son lo suficientemente sólidas como para vetar la medida propuesta, es hora de actuar.*

II. Fuego
La acción como primer paso en el discernimiento

Actuar (despender) no es el fin de la toma de decisiones; es el comienzo de un auténtico discernimiento. Si bien la planificación teórica es valiosa, nada revela las fortalezas y debilidades prácticas de una estrategia con mayor eficacia que su aplicación en el mundo real. Las personas aprenden con la práctica. La implementación expone lagunas en la lógica, revela variables imprevistas y aclara qué funciona realmente en el contexto.

La tentación de perfeccionar un plan indefinidamente es muy real. Toda institución tiene sus limitaciones de tiempo, recursos y energía. *Los líderes deben comprender que ninguna teoría previa a la acción igualará la velocidad y la profundidad del conocimiento adquirido mediante la implementación.* Las acciones provisionales suelen enseñar más en una semana que lo que las reuniones y los informes técnicos pueden revelar en un año.

Al implementar un plan preliminar, los administradores se posicionan en la mejor posición para observar los resultados, solicitar retroalimentación y realizar mejoras informadas. Solo en acción se pueden dirigir las estrategias. Por lo tanto, el acto de despedir no es un compromiso con la perfección, sino un paso disciplinado hacia el aprendizaje y la reestructuración.

Tengo un amigo multimillonario que trabaja en tecnología. A menudo le dice a su equipo: "Hazlo una vez por mí". Entiende que se aprende con la práctica; hacer algo una vez hace que cada iteración futura sea más eficiente… o demuestra la insensatez de repetir el fracaso. De cualquier manera, se avanza.

III. Objetivo
Correcciones a mitad de camino: El poder del liderazgo adaptativo

En la filosofía "Listos, Fuego, Apunten", esta etapa de corrección y ajuste representa el tercer paso crucial: Apuntar. Es aquí donde las ideas iniciales y las acciones audaces se perfeccionan para lograr un cambio estratégico sostenible. El acto de apuntar no ocurre antes de que comience el movimiento; ocurre durante el movimiento, guiado por la reflexión y la capacidad de respuesta. Aquí es donde el discernimiento madura y las intenciones se afinan.

El paso del "objetivo" honra la sabiduría adquirida con la acción. Reconoce que ningún plan es perfecto desde el principio, pero que, mediante la retroalimentación del mundo real y ajustes valientes, un buen plan puede convertirse en uno excelente. Los líderes deben comprometerse no solo a actuar, sino también a aprender de esa acción. Deben preguntarse: ¿Qué funciona? ¿Qué no? ¿Qué vemos ahora que no podíamos haber visto antes de empezar?

Las correcciones a mitad de camino, como el "objetivo" de este modelo, no son señales de fracaso, sino de fortaleza. Reflejan un profundo compromiso con la misión, los datos y el discernimiento. Los líderes que adoptan la disciplina de ajustar continuamente su objetivo comprenden que la dirección a menudo se aclara con el propio camino.

El coraje de dejar ir: practicando la eliminación estratégica

Un componente crucial, y a menudo ignorado, del liderazgo ágil es la valentía de admitir cuando algo no funciona. En la educación teológica, los programas e iniciativas suelen considerarse sacrosantos. Una vez lanzados, adquieren inercia institucional, protegidos por la tradición, el ego o el miedo al fracaso.

Los administradores eficaces deben rechazar la idea de "seguridad eterna" para las ideas institucionales. La eliminación estratégica implica la interrupción intencional de programas, proyectos o puestos que ya no son eficaces o que ya no están alineados con la misión de la institución. Implica preguntarse periódicamente: "¿Sigue cumpliendo esto nuestro propósito fundamental?".

Para practicar la eliminación estratégica eficazmente, las instituciones deben estar rigurosamente orientadas a la misión. Cada programa, estructura y patrón establecido debe evaluarse continuamente para determinar su alineación con la misión principal y su contribución a ella. El sentimentalismo, la tradición o los costos hundidos nunca deben prevalecer sobre el compromiso con la eficacia de la misión.

Una poderosa herramienta de evaluación es una pregunta sencilla: si no lo estuviéramos haciendo ya, ¿lo empezaríamos a hacer ahora? Si la respuesta es no, la institución debería dejar de participar en ese programa o práctica. Esta prueba elimina el sesgo heredado y obliga a los líderes a analizar cada iniciativa desde la perspectiva de su relevancia actual y potencial futuro, no de la inversión pasada.

La eliminación estratégica no es un acto de frialdad institucional; es un acto de administración y arrepentimiento corporativo. Redistribuye energía y recursos hacia lo más importante. Cuando los líderes están dispuestos a desprenderse de lo que ya no contribuye a la misión, crean espacio para la innovación, el crecimiento y un mayor impacto. Las instituciones que se preguntan constantemente: "¿Vale la pena empezar hoy?" están mejor preparadas para mantenerse fieles, centradas y fructíferas. *Si su institución nunca ha tenido que admitir un fracaso y eliminar estratégicamente un proyecto o una práctica, probablemente ha actuado con demasiada lentitud.*

Nadie batea para mil. Si no te ponchas de vez en cuando, no bateas lo suficiente. Te conformas con una base por bolas ocasional, pero dejas que todos los jonrones lleguen al receptor. *Si no te ves obligado a practicar la eliminación estratégica de vez en cuando, finges batear para mil... pero en realidad no lo haces. Dicho de otro modo, si tu universidad no falla en pequeños detalles de vez en cuando, es casi seguro que falla en grandes detalles todo el tiempo.*

Si eres nuevo en una institución y quieres ser popular entre tu profesorado y personal, acude a tu primera reunión y haz dos preguntas: Primero, pregunta: "¿Podrías explicarme qué haces aquí?". Y luego, en una segunda ronda de preguntas, pregunta: "¿Qué crees que deberíamos dejar de hacer?". Este enfoque te ayudará mucho más con el profesorado y el personal que llegar a tu primera reunión con una lista de "cosas nuevas" que un profesorado y personal ya sobrecargado de trabajo tiene que añadir a su carga de trabajo.

Cultivando una cultura de "Listos, fuego, apunten"

Crear este tipo de cambio cultural requiere más que un lenguaje inspirador; exige cambios sistémicos y estratégicos en todos los niveles de la institución. Aquí hay algunas estrategias prácticas para cultivar una cultura de "Listos, Fuego, Apunten":

1. Rediseñe los procesos de recopilación de información: Recopile solo la evidencia (y contraevidencia) necesaria para justificar o refutar un curso de acción. En cuanto la acción esté justificada (es decir, esté listo), actúe (es decir, dispare) y luego prepárese para ajustar (es decir, apunte). Recuerde la pandemia: el cambio puede ocurrir rápidamente si la motivación es suficiente. Enseñe a todos a actuar con comodidad incluso con conocimientos incompletos.

2. Normalizar los proyectos piloto y los lanzamientos provisionales: Las instituciones deberían usar con frecuencia términos como "prueba piloto", "programa piloto" o "fase uno" para minimizar los riesgos de la innovación. Este replanteamiento permite una iniciación más rápida y una evaluación más honesta. Una cultura piloto transmite la libertad de probar, aprender y revisar. Enseñe a todos a esperar correcciones a mitad de camino y eliminaciones estratégicas. Recompensar públicamente los fracasos informativos como la valiosa experiencia de aprendizaje que representan.

3. Crear ciclos de retroalimentación que fomenten la iteración: Los líderes deben establecer momentos estructurados de reflexión tras la implementación. Esto podría consistir en sesiones informativas, revisiones del aprendizaje o hitos de seguimiento. El profesorado y el personal deben saber que sus observaciones se pondrán en práctica y que las revisiones son parte del proceso, no indicios de fracaso. Enseñe a todos a estar dispuestos a adaptarse, incluso a admitir el fracaso.

4. Alinear las métricas de desempeño con la adaptabilidad: Las instituciones deben evaluar a los equipos no solo por sus resultados, sino también por su capacidad de respuesta y aprendizaje. Reconocer la adaptabilidad y la iniciativa en las evaluaciones anuales, los ascensos y el reconocimiento público refuerza el valor de la agilidad. Enseñe a todos que no espera que sean excepcionales.

5. Predicar con el ejemplo: Los administradores deben ser transparentes sobre sus propios procesos de toma de decisiones. Compartir experiencias de riesgo, adaptación y crecimiento demuestra que incluso los líderes más destacados están comprometidos con el aprendizaje mediante la acción. Cuando los líderes dan ejemplo de flexibilidad y valentía, indican que estos valores no solo son permitidos, sino esperados. Informar a todos sobre las correcciones a mitad de camino y las eliminaciones estratégicas. Finalizar los proyectos sin futuro públicamente en lugar de dejar que desaparezcan en silencio. De esta manera, se normalizarán las eliminaciones estratégicas.

6. Brindar seguridad psicológica: Quizás lo más importante es que cultivar esta cultura requiere crear un entorno donde las personas se sientan seguras para fallar, reflexionar y volver a intentarlo. El profesorado y el personal deben confiar en que se apoyará la experimentación y que las correcciones a mitad de camino se considerarán fortalezas, no deficiencias. Demuestre a todos que la valentía tiene recompensa.

7. Reparte el mérito y acapara la culpa: Algunas ideas funcionarán; otras no. Reconoce cada idea fallida; acepta cada proyecto fallido; y asume cada paso en falso como propio. Elogia a todos los que participaron, aunque sea remotamente, en una idea o proyecto exitoso.

Al institucionalizar estas prácticas, los seminarios pueden construir culturas dinámicas en lugar de defensivas, audaces en lugar de frágiles. En estas culturas, la innovación se vuelve habitual y la receptividad al

Espíritu y a las necesidades del mundo se convierte en una postura institucional compartida.

Conclusión: Los altos riesgos de la vacilación

Los administradores académicos se enfrentan a enormes presiones. La tentación de retrasar las decisiones hasta tener certeza absoluta puede ser abrumadora. Pero en un panorama marcado por la incertidumbre y el cambio, la indecisión puede ser más peligrosa que el error.

Los administradores deben aprender a reconocer cuándo están listos; no del todo, pero sí lo suficiente. Deben entonces tener la valentía de actuar y la sabiduría para apuntar al avanzar, con correcciones a mitad de camino y eliminaciones estratégicas. No deben temer al fracaso, sino aceptar el aprendizaje. Deben podar para crecer. Y deben confiar en que el liderazgo, como el discipulado, es un camino continuo de fe, valentía y recalibración constante.

"Listos, fuego, apunten" no es una estrategia imprudente. Es un modelo de liderazgo audaz, adaptable y orientado a la misión para el futuro de la educación teológica.

Thomas E. Phillips (Ph.D., M.Div., MLS, MA) es el director ejecutivo de la Biblioteca Teológica Digital (Digital Theological Library, DTL). Antes de asumir este cargo, fue profesor de Nuevo Testamento durante casi 20 años.

La Biblioteca Teológica Digital (www.thedtl.org) es una organización sin fines de lucro, copropiedad de más de 100 seminarios. Su misión es ayudar a todos a participar en la reflexión autocrítica sobre su propia fe y a dialogar con personas de otras tradiciones. La DTL cumple esta misión mediante la gestión de recursos de biblioteca digital para sus instituciones miembro, profesionales religiosos y personas interesadas. La DTL también cumple esta misión mediante la publicación de contenido sobre estudios religiosos.

Practicando la innovación
Fomentando nuevas expresiones de educación teológica

Shanda Stricherz
Greg Henson

Durante los últimos quince años, hemos tenido la oportunidad de trabajar con cientos de organizaciones cristianas, desde institutos bíblicos, seminarios y universidades hasta iglesias locales, denominaciones, agencias misioneras y organizaciones religiosas sin fines de lucro. Nuestras conversaciones con los líderes de estas organizaciones nos han llevado por caminos de tierra en África, a través de dunas de arena cerca del Golfo Pérsico, a innumerables salas de conferencias y a sets de producción de video. Entre las quemaduras de sol, el café rancio y la fatiga de Zoom, las conversaciones giraban rutinariamente, de alguna manera, en torno a la pregunta: "¿Cuál es el futuro de la educación teológica?".

Esto tiene sentido, ya que los administradores de las escuelas teológicas se enfrentan a una tensión familiar. Las presiones de la matrícula, las finanzas, la acreditación y la reputación a menudo exigen resultados visibles, mientras que la misión de formar personas para participar en la obra de Dios exige paciencia, discernimiento e integridad. En los últimos años, el lenguaje de la innovación se ha convertido en el puente que esperamos nos ayude a superar esa tensión. Sin embargo, la innovación en la práctica a menudo se reduce a ajustes tácticos en los programas, el marketing o la ejecución, mientras que las realidades más profundas que configuran la vida institucional permanecen intactas. El resultado es una actividad intensa que rara vez modifica las condiciones que producen los resultados que deseamos mejorar. Parece que nuestros enfoques de innovación o cambio podrían no tener el impacto deseado. ¿Será hora de adoptar un enfoque renovado de la innovación?

Este ensayo propone un marco para la innovación que comienza con compromisos teológicos y se extiende a través de la vida organizacional hasta llegar a prácticas concretas. Si bien se mantiene arraigado en el reino de Dios, exige un enfoque renovado que confronte las barreras directamente y cultive prácticas encarnadas para que surjan y perduren nuevas expresiones de educación teológica.

¿Por qué innovar?

Sugerimos que hay tres razones principales por las que necesitamos invertir tiempo, energía y recursos significativos en el trabajo de innovación.

Porque es un acto de mayordomía (Mateo 25:19-21). Participamos en la obra de innovación porque administramos vastos almacenes llenos de los recursos de Dios (es decir, diez talentos). No debemos buscar solo la sostenibilidad o la supervivencia. Los administradores fieles son conductos productivos (en lugar de administradores protectores) de la bendición de Dios. Esto requiere una atención constante a cómo se utilizan los recursos de Dios y al fruto que vemos, fomentando así un cambio continuo.

Porque Jesús nos envió al mundo (Juan 20:21). Participamos en la obra de innovación porque Jesús nos envió a participar en el gran proyecto de renovación de Dios por el poder del Espíritu. No podemos quedarnos en nuestra comodidad y poder. En cambio, practicamos el camino de Jesús al participar en la creatividad de Dios, aceptando el cambio que requiere de nosotros.

Porque practicar el camino de Jesús requiere discernimiento continuo (Juan 16:13). Participamos en la labor de innovación porque practicar el camino de Jesús es una tarea formativa, a largo plazo, en constante desarrollo y orientada al desarrollo, que requiere un discernimiento comunitario continuo. Es decir, esta labor requiere un cambio continuo.

Afortunadamente, la mayoría de las personas coinciden en que estamos llamados a participar en la misión del reino de Dios y a ser fieles administradores de las finanzas, las oportunidades, el capital y las personas que Dios pone a nuestro cuidado. Esto nos lleva a preguntarnos: "Si estamos teológicamente comprometidos con ser fieles administradores y hemos invertido tanto tiempo y energía en la innovación, ¿por qué nuestros esfuerzos a menudo fracasan?". Quizás se deba a que, en nuestros caminos de cambio, encontramos obstáculos que impiden nuestro progreso. Estas barreras a la innovación a menudo nos llevan a conformarnos con el cambio técnico en lugar de avanzar hacia la frontera de la innovación.

Barreras a la innovación en la educación teológica

Las barreras a la innovación parecen concentrarse en cinco áreas:

Estructuras de gobernanza competitiva

La gobernanza dentro de las instituciones suele ser una competencia por poder, recursos, influencia, tiempo, energía y atención. En nuestros intentos por repartir el trabajo de una institución, propiciamos que las personas se oculten, se centren en un aspecto específico del trabajo y luego se conviertan en defensores de esa causa. En realidad, esto suele fomentar la desconfianza, la desintegración, la compartimentación y las disputas por las finanzas, el control y la toma de decisiones. La gobernanza compartida a menudo crea una cultura divisiva en lugar de colaborativa, que genera visiones contradictorias de la realidad.

Visiones conflictivas de la realidad

La competencia interna por el poder y los recursos, generada por nuestro enfoque predeterminado de gobernanza compartida, crea un terreno fértil para narrativas contradictorias. Cada narrativa describe un problema por resolver (es decir, una realidad) y cada solución privilegia la narrativa de la que surgió. Sin una comprensión compartida de la realidad, no podemos tener un problema compartido que resolver. Sin un problema compartido que resolver, los esfuerzos de innovación estarán dispersos, en el mejor de los casos, y serán perjudiciales, en el peor. Cuando los esfuerzos de innovación están dispersos, tendemos a asumir que necesitamos más dinero para invertir en más innovación.

Mentalidades dependientes de los recursos

Cuando nos adentramos en el mundo de la innovación con la impresión de que necesitamos más de algo, adquirimos una mentalidad inútil, incluso deformante, y dependiente de los recursos. Dios nos ha confiado todos los recursos necesarios para realizar las tareas que nos ha encomendado. Por lo tanto, si creemos que nuestro enfoque general es correcto y que simplemente necesitamos mejorar en el desarrollo de programas, el marketing, etc., empezamos a pensar que cualquier iniciativa "innovadora" que queramos implementar requerirá recursos adicionales. Necesitamos mantener la maquinaria en marcha (así se piensa), lo que significa que el tiempo y la energía que debemos invertir en un futuro alternativo se concentran en la búsqueda de recursos adicionales. Esta mentalidad dependiente de los recursos también nos impide examinar nuestras ideas y estructuras institucionales más profundas, especialmente la filosofía educativa que a menudo se da por sentada.

Filosofías educativas no examinadas

Nuestros esfuerzos de innovación se ven obstaculizados por el hecho de que rara vez consideramos nuestra filosofía educativa como parte del problema. Al evitar examinar esta filosofía, damos paso a un juego de culpas interminable en el que continuamente señalamos otros aspectos como "el" problema. La filosofía educativa que rige el trabajo en las instituciones a las que servimos, especialmente cuando estas instituciones operan en el contexto de la educación superior, impacta todos los aspectos de nuestra labor y debe ser examinada.

Parálisis creativa

La mejor manera de innovar es hacer algo, aprender de ello y luego hacer ajustes. Desafortunadamente, tendemos a pensar que la innovación se basa fundamentalmente en la creación de ideas. Este tipo de enfoque es enemigo de la ejecución. Paraliza nuestra capacidad de avanzar de forma iterativa y continua.

Practicando la innovación

¿Qué hacemos entonces para superar estas barreras y fomentar nuevas expresiones de educación teológica? En mi experiencia, existen ocho prácticas que pueden agruparse en tres áreas de enfoque. En conjunto, estas prácticas proporcionan una estructura para discernir, desarrollar, implementar y evaluar la labor de innovación, ayudando a moldear la participación comunitaria en la misión continua de Dios.

Comunidad confiable

Para que la innovación arraigue en el contexto de un seminario, debemos crear una comunidad (por ejemplo, un sentido compartido de pertenencia) que sea confiable (por ejemplo, que muestre características que fomenten la lealtad). Dicha comunidad surge cuando armonizamos nuestros valores y prácticas, resolvemos problemas juntos con amor y somos transparentes incluso cuando es difícil.

Práctica #1 Practique lo que predica: alinear los valores adoptados y la experiencia vivida.

En la mayoría de los casos, nuestros valores propugnados tienden a competir con los de las estructuras académicas y jerárquicas modernas. Desafortunadamente, nuestra práctica puede no estar alineada con dichos valores. Para combatir esta discordancia, debemos involucrarnos en prácticas que requieran una encarnación cada vez más profunda de los valores institucionales propugnados al servicio de la misión.

Participamos en esta práctica empoderando todas las voces de nuestra comunidad. Esto requiere fomentar conversaciones transparentes que expresen nuestros valores, los definan en términos prácticos e identifiquen áreas de desajuste. En la práctica, esto significa que palabras elevadas como "justicia" deben describirse en términos concretos con ejemplos reales (es decir, no podemos predicar justicia y endeudar a los estudiantes al mismo tiempo). Finalmente, debemos abordar continuamente este desajuste, lo que fomenta una postura de aprendizaje. Al hacerlo, fomentamos nuevos procesos para empoderar y escuchar todas las voces de la comunidad. Esto será disruptivo porque los procesos tradicionales para incluir voces se volverán anticuados y perjudiciales.

Práctica #2 Apertura de riesgos: Gestión de recursos con transparencia.

Para fomentar nuevas expresiones de educación teológica, necesitamos adoptar una transparencia radical. Es radical solo en el sentido de que es muy diferente de lo que hacemos actualmente. Nos referimos simplemente a compartir los mismos datos cuantitativos con el personal, la junta directiva y el profesorado de una institución. Los estados financieros auditados, los informes de donaciones, las cifras de matrícula estudiantil, los estados financieros mensuales, las cifras de deuda y dotación, etc., deben estar disponibles para todos, todo en el mismo formato.

Sin embargo, no podemos limitarnos a los datos cuantitativos, ya que son solo una cara de la moneda. También debemos ser transparentes con la información sobre el trabajo de la escuela, las oportunidades que tenemos por delante y la asignación de nuestro tiempo y energía. La mejor manera de lograrlo es crear un mecanismo de informes regular y consistente que comparta la información con todos, siempre en el mismo formato. Al ser transparentes con los datos, no solo ayudamos a la escuela a alinear sus valores y su experiencia, sino que también fomentamos la lealtad.

Práctica #3: Practicar la confianza: desarrollar una comunidad resiliente.

Si bien compartir comidas, pasar tiempo juntos y colaborar puede ser una vía útil para generar confianza en una comunidad, los datos de la Encuesta Nacional sobre Marca y Confianza muestran que la confianza se construye o se pierde a través de la competencia, la resolución de problemas y la preocupación por los demás. Cada uno de estos factores debe abordarse desde la perspectiva de las personas y las políticas.

Al fomentar conversaciones centradas en la alineación y hacerlo con transparencia, exponemos nuestra preocupación por los demás, demostramos competencia y resolvemos problemas juntos como comunidad. En este proceso, demostramos preocupación por quienes forman parte de la organización y compromiso con la misión y el llamado de la propia organización. Esto cultiva la confianza necesaria para que exista una red de relaciones de confianza dentro de una comunidad. Cuando tenemos resiliencia, la innovación continua y transformadora se hace posible porque comenzamos a confiar en que las ideas, la sabiduría y la innovación pueden surgir de cualquier parte de la organización. Los programas ya no deben ser desarrollados únicamente por el profesorado ni la sabiduría estratégica debe provenir únicamente de la junta directiva. Una comunidad confiable acoge, e incluso fomenta, la sabiduría distribuida.

Realidad compartida

Nuestras esperanzas de fomentar nuevas expresiones de educación teológica se verán frustradas si no desarrollamos una realidad compartida. Dado que nuestra visión de la realidad moldea la comprensión del problema, dicta las soluciones que se pueden ofrecer. Las dos prácticas siguientes potencian las tres anteriores al conectar valores, información, personas y políticas con la labor de identificación de problemas y desarrollo de estrategias.

Práctica #4 Definir la realidad: Unirse en torno al problema que se está intentando resolver.

La mejor manera de definir la realidad es humanizarla. Definirla requiere que seamos radicalmente transparentes, que digamos cosas duras sobre las cifras y que resaltemos que nuestra filosofía educativa bien podría ser el problema (por ejemplo, las horas de crédito son una construcción social que privilegia a ciertas clases de personas y no tienen ninguna relación con el aprendizaje ni la realidad). Más importante aún, requiere que escuchemos atentamente a quienes nos han evitado y a quienes han visto el lado oscuro de la historia de la institución. Cuando nuestras conversaciones se centran en cifras, presupuestos, programas y similares, es fácil que pasemos por alto el impacto tangible de nuestras palabras, opiniones y decisiones.

Práctica #5 Escuchar al Espíritu: Aclarar la dirección y dar la bienvenida a la diversidad.

El peligro de definir la realidad es que, una vez que lo hacemos, tendemos a dejar que ese marco sea el que usemos durante muchos años. Luego, desarrollamos un plan para abordar los desafíos dentro de ese marco y, posteriormente, lanzamos nuestras nuevas iniciativas. A esto le llamamos adoptar un enfoque estratégico de conjunto acotado.

En cambio, nuestro trabajo estratégico debe centrarse en discernir e identificar la dirección en la que nos guía el Espíritu. Esto nos ayuda a definir la realidad en términos de dirección, en lugar de programas específicos, modelos de personal, estructuras organizativas y objetivos numéricos. Como resultado, nuestra visión compartida de la realidad permanece abierta a la reflexión, el discernimiento y el refinamiento continuos. Puede moldearse continuamente mediante nuestras conversaciones sobre la alineación, la información sobre los recursos que Dios nos confía y las oportunidades que el Espíritu pone ante nosotros. Esto requerirá que desmantelemos el enfoque que adoptamos en las conversaciones sobre estrategia (para ser más realistas e iterativos) y reconsideremos el artefacto que esas conversaciones producen (para que apunten en una dirección en lugar de especificar un plan).

Estructuras de empoderamiento

Nuestras estructuras de gobernanza, diseño organizacional y procesos de gestión del cambio tienen el poder de impulsar o frenar la innovación. Incluso si logramos construir una comunidad confiable y una comprensión compartida de la realidad, nuestro trabajo se verá frenado si no implementamos estructuras que nos empoderen. Mientras nuestro trabajo esté ligado a estructuras que o bien obstaculizan la innovación o bien asumen que esta es principalmente una tarea de generar e implementar nuevas ideas en forma de nuevos programas u ofertas educativas, no veremos resultados significativos.

Práctica #6 Liberar poder: empoderar nuevas voces a través de la gobernanza colaborativa.

La competencia interna por recursos, tiempo, energía y atención es una consecuencia natural de las estructuras de gobernanza compartida, arraigadas en un enfoque de "divide y vencerás" para el desarrollo organizacional. También es natural que dichas estructuras privilegien ciertas voces, otorgándoles así un poder extraordinario. Para que la innovación arraigue en nuestras organizaciones, ese poder debe liberarse y distribuirse. El poder para el control curricular debe distribuirse entre el personal, la administración, los socios externos y el alumnado. El poder para el desarrollo de estrategias, la supervisión financiera y la identidad institucional de la comunidad en general debe distribuirse de la misma manera.

Práctica #7 Pensar en amplitud: configuración de ecosistemas.

Todo lo que hacemos en la vida de una institución dedicada a la educación teológica impacta todo lo que hacemos en esa misma institución. Por lo tanto, cualquier expresión innovadora que deseemos lanzar debe tener en cuenta esta realidad interconectada e interdependiente de la vida institucional. A esto lo llamamos "innovación integrada" y requiere que las organizaciones consideren simultáneamente múltiples aspectos de su trabajo en lugar de centrar sus esfuerzos en intentar crear un mejor "producto".

Práctica #8 Adaptarse libremente: Celebrar el fracaso y resistir la permanencia.

Basándonos en la práctica de seguir al Espíritu, adaptarnos libremente requiere seguir el mismo proceso de escuchar, analizar, adaptar, implementar y volver a escuchar. Añadimos la oportunidad de celebrar el "fracaso" y recalcar que desarrollar algo "permanente" no es nuestro objetivo. Simplemente estamos desarrollando la siguiente versión. Warner Burke quizás lo expresó mejor cuando señaló: "La iniciativa de cambio nunca debe detenerse". Esto debería resonar en nosotros porque también nosotros, como pueblo de Dios, estamos siendo continuamente rehechos por la obra del Espíritu.

Avanzando

Fomentar nuevas expresiones de educación teológica es quizás la labor más importante que podemos realizar como educadores teológicos. En Estados Unidos, las últimas cuatro décadas han presenciado aumentos exorbitantes en las matrículas, la deuda estudiantil y las tasas de deserción escolar, junto con un aumento y luego una drástica caída en la matrícula, una caída abrupta en el valor percibido de la educación teológica y una creciente brecha entre la iglesia local y la academia. Ted Smith se refiere a esto como un desmoronamiento (que es una narrativa mejor y más precisa que "declive").

Durante ese tiempo, hemos invertido una cantidad considerable de tiempo, energía y recursos financieros en lo que se ha llamado innovación. Parece que necesitamos mirar este desafío con nuevos ojos. Hacerlo requiere la disposición a participar en prácticas que nos ayuden a superar las barreras que han impedido nuestro progreso hasta ahora. Al hacerlo, nos empoderaremos para unirnos a la realidad creativa del Reino siguiendo a Jesús en la misión, al guiar a sus seguidores que prosperan en su... vocaciones.

Shanda Stricherz es vicepresidenta ejecutiva y directora creativa de la Universidad Kairos (Kairos University). Cuenta con más de 25 años de experiencia en el campo de la educación teológica. Entre sus áreas de especialización se encuentran la planificación estratégica, la eficacia institucional, la acreditación, la gestión de proyectos de alto nivel, las comunicaciones y los servicios estudiantiles. Es una de las líderes clave en la transformación que se produjo en la Universidad Kairos a través del Proyecto Kairos.

Greg Henson es presidente y director ejecutivo de la Universidad Kairos y profesor de Liderazgo y Formación Organizacional. Posee un Doctorado en Ministerio del Seminario Sioux Falls y un MBA de la Universidad Benedictina, además de estudios de grado del William Jewell College. Durante su trayectoria, su trabajo en innovación, educación teológica, transformación organizacional y gobernanza se ha aplicado en seminarios, universidades, iglesias y organizaciones sin fines de lucro en seis continentes.

La Universidad Kairos (Kairos University) sirve como centro de una red global de escuelas asociadas y opera con un modelo de educación teológica basada en competencias (CBTE). Está acreditada por la Comisión de Educación Superior y por la Comisión de Acreditación de la Asociación de Escuelas Teológicas y ofrece una amplia gama de títulos, desde certificados hasta doctorados, incluyendo grados asociados, licenciaturas, maestrías en Artes, maestrías en Divinidad, maestrías en Artes, doctorados en Ministerio, doctorados en Consejería Profesional, doctorados en Teología y doctorados en Filosofía.

Ampliación del acceso a la educación superior
Oportunidades y desafíos para estudiantes con necesidades complejas

Ian Birch[1]

El Scottish Baptist College está ubicado en la Universidad del Oeste de Escocia, institución que se enorgullece de ser líder entre las instituciones de educación superior de Escocia en ampliar el acceso a la educación para estudiantes de entornos desfavorecidos.[2] Como universidad teológica cristiana, compartimos plenamente este compromiso con los estudiantes que, en su adolescencia, no tuvieron acceso a las vías habituales de acceso a la educación superior y que, posteriormente, recibieron una nueva oportunidad para desarrollar su potencial y alcanzar sus metas vocacionales estudiando una licenciatura en su campo de estudio. El Scottish Baptist

---

[1] Escrito en colaboración con el Rev. Charles Maasz, director ejecutivo de Glasgow City Mission y gobernador/fideicomisario del Scottish Baptist College.

[2] Para consultar la política de ampliación del acceso en las universidades escocesas, véase "Report on Widening Access 2022-23," *Scottish Funding Council* (https://web.archive.org/web/20250000 000000*/https://www.sfc.ac.uk/publications/report-on-widening-access-2022-23/#top). La política de inclusión social en la educación superior de la UWS está integrada en el Documento de Estrategia 2030: "Maximising our students' success", Universidad del Oeste de Escocia (https://web.archive.org/web/20250000000000*/https://www.uws.ac.uk/strategy2030/our-goals/maximising-our-students-success/.

College, al igual que nuestra universidad anfitriona, es una institución que ofrece oportunidades. Si bien nos enorgullecemos de abrir la puerta a estudiantes que pensaban que no había otra opción para estudiar teología, esta política conlleva desafíos y frustraciones porque atraemos a estudiantes con antecedentes deficientes y disfuncionales, es decir, estudiantes con necesidades complejas (en adelante: SWCN). Este es el tema sobre el que quiero reflexionar en este ensayo.

Para aclarar mi tema, pienso en "Stuart",[1] quien tuvo antecedentes de drogadicción en la adolescencia y, tras convertirse al cristianismo a los veinte años, sintió el llamado a un ministerio que ayudaba a otros adictos, por lo que solicitó unirse a nuestro programa de BD. Stuart se dedicó por completo al curso, pero estudiar le resultó difícil, y pronto me di cuenta de que la adicción deja un terrible legado: deterioro cognitivo que dificulta la concentración incluso por periodos cortos, debilita la memoria y tiene dificultades para comprender. Sin embargo, no lo abandonó. Al final del primer año, Stuart obtuvo sus calificaciones y, con un solo examen de recuperación, aprobaría el curso. Tras esta noticia, abandonó el programa y se mudó a las Tierras Altas de Escocia a buscar trabajo. Ningún esfuerzo de persuasión por nuestra parte logró revertir su decisión de abandonar el curso, y aunque en ese momento no entendía todo lo que estaba sucediendo, tuve la sensación de que su primera experiencia de éxito lo había abrumado y que era más de lo que podía procesar y afrontar emocionalmente.

Recuerdo a "Janie", quien dejó la escuela a los 16 años bajo la presión de ayudar con los ingresos familiares, a

---

[1] Se han cambiado los nombres en el ensayo, pero las historias de ejemplo son auténticas.

pesar de tener el deseo y el potencial de continuar sus estudios. Lo que siguió fue un matrimonio disfuncional que incluyó el abuso del alcohol y, finalmente, la ruptura de la relación. A principios de sus cuarenta, Julie encontró la fe en Jesús gracias al amor y el apoyo de una amiga, y tras volver a casarse, su nuevo esposo la animó a cumplir su sueño de ir a la universidad. Se matriculó en teología para poder reflexionar sobre su propio camino de fe y sentar las bases de su nueva vocación en servicios sociales, especializándose en adicciones. Todo parecía ir bien: completaba las tareas semanales asignadas para la preparación de las clases, participaba en las conversaciones en clase y no mostraba signos visibles de estrés.

Los problemas se manifestaron por primera vez cuando se negó a entregar la primera tarea para su calificación, y al preguntarle al respecto, me respondió que sabía que no era "suficientemente buena". Con un poco de persuasión, finalmente entregó su trabajo, y aunque la calidad no era alta, tenía suficiente contenido para aprobar. Con la esperanza de que esto le diera confianza, me reuní con ella para hablar sobre el proceso de evaluación, solo para recibir una carta de renuncia. Desconcertada por su decisión, explicó que no podía creer que hubiera aprobado la evaluación por méritos propios y que estaba segura de que solo estábamos siendo amables al asignarle la calificación. Sentía que no pertenecía a la universidad, y la presión en su mente estaba a punto de explotar. Ninguna muestra de apoyo ni de seguridad sobre la aprobación externa de sus calificaciones la convenció de recibir la confirmación de su capacidad, y con unas palabras de agradecimiento por nuestro intento de ayudarla, se fue, y nos quedamos desconcertados, frustrados y profundamente tristes. Se trataba de "arrebatar la derrota de las fauces de la victoria", lo que los psicólogos llaman "defensa de la psique".[1]

Podría seguir multiplicando las historias de estudiantes en circunstancias similares, algunos de mejores, otros de peores situaciones de disfunción y quebrantamiento en su vida anterior, y todos con esto en común: querían usar la educación como un medio para amplificar la transformación que la fe en Jesús había traído a sus vidas y cumplir su sensación de potencial no realizado, y luego, en el momento en que el éxito estaba a su alcance, rechazaron la oportunidad de lograr una victoria en la vida.

Nuestra experiencia aquí en Escocia nos ha demostrado que, con demasiada frecuencia, los SWCN no han logrado completar el curso que emprendieron; por lo general, aunque no siempre, no han podido completar un año del programa. ¿Acaso no pudieron realizar el trabajo?, se preguntarán. Sí, eran capaces. ¿Acaso los profesores no los apoyaron y guiaron? Sí, los profesores y el capellán dedicaron mucho tiempo al apoyo pastoral y académico de cada uno. Las razones por las que los SWCN no completan regularmente su curso son más complejas de lo que cualquier explicación puede ofrecer, pero investigaciones recientes han arrojado luz sobre el tema.

Euforia

Es común observar que quienes se convierten al cristianismo provenientes de entornos altamente disfuncionales exhiben una sensación de euforia o hiperactivación, sentimientos de liberación y liberación de

---

[1] Véase Donald Kalsched,, "Revisioning Fordham's 'Defences of the Self' in Light of Modern Relational Theory and Contemporary Neuroscience," *The Journal of Analytical Psychology* 60.4 (2015): 477-80.

las ataduras de la adicción, el abuso o un estilo de vida caótico. Esto se deriva de un intenso deseo de disfrutar de las cosas buenas que la vida ofrece, un deseo de enmendar el tiempo perdido y las malas decisiones, con el deseo de "restituir los años que comió la langosta" (Joel 2:25). Con un torrente de coraje y entusiasmo, desean entrar en la ÉL para convertirse en lo que saben que pueden ser y lograr lo que saben que pueden lograr. ¿Qué podría salir mal?

Una vez dentro del sistema de educación superior, los SWCN pueden experimentar una experiencia transformadora en la que la euforia se transforma en una sensación de abrumación ante el vasto horizonte que se abre ante ellos. De repente, la esperanza y la anticipación por el futuro se ven reemplazadas por la duda, el miedo, la inseguridad, la indignidad, el síndrome del impostor y el terror. Los "demonios internos" corroen su confianza y atormentan su identidad interior, y a su alrededor, detractores, críticos, amigos y familiares envidiosos les recuerdan quiénes son realmente y de dónde vienen.

No al principio, pero con el tiempo, a medida que avanza el curso, el resultado para SWCN es inquietantemente familiar: el autosabotaje. Como en el caso de Janie, los estudiantes se adaptan a la rutina de estudio y dan la impresión de afrontarlo, incluso disfrutando del trabajo asignado, pero gradualmente se hace evidente que participan menos en clase, evitando participar a menos que la conversación se oriente hacia lo familiar. En lugar de que la teología ofrezca respuestas a las profundas y complejas preguntas que han estado albergando, y una base para una vida segura, el estilo discursivo de aprendizaje se percibe como deconstructivo, crítico, desorientador, inquietante, donde las certezas son un bien escaso y solo se ofrecen opiniones, perspectivas y puntos de vista. Además, el SWCN puede estar sentado en un aula junto a estudiantes capaces que aceptan el pensamiento crítico y las contradicciones con naturalidad intelectual, y así, la charlatanería, la exuberancia, el entusiasmo por esta nueva vida, el nuevo "yo", no perduran. Lo que se filtra en la mente son altos niveles de estrés, ansiedad, preocupaciones sobre las finanzas y expectativas de fracaso, falta de autoestima, culpa del sobreviviente, todo lo cual se convierte en desencadenantes del fracaso, y el abandono es inevitable.[1]

El mundo médico nos dice que lo que ha sucedido es algo así como una enfermedad autoinmune de la psique, defensas primitivas en el ámbito psíquico causadas por un trauma previo. Los mecanismos de defensa se desarrollaron como medio de supervivencia ante la presión insoportable del entorno, "protegiendo algo absolutamente esencial en la personalidad que nunca debe ser violado".[2] En un complejo proceso de paradoja psicológica, cuando la vida mejora y se presenta una verdadera oportunidad de autoactivación y vitalidad, como sucede en el SWCN, el sistema de defensa interno realiza una evaluación incorrecta de la situación y la ve como una peligrosa invitación a los viejos desastres de esperanzas y expectativas frustradas, y los ataca en consecuencia.[3] La capacidad de autoataque y energías autodestructivas en el SWCN es grande y perturba a los maestros que intentan guiarlos hacia un estado de aceptación de sus éxitos.

Al hablar con SWCN en el momento en que abandonan el curso o simplemente dejan de asistir a clases, suele resultar que la experiencia positiva del estudiante se

---

[1] Los psicólogos lo llaman "apagón". Véase Bessel van der Kolk, *The Body Keeps the Score* (Londres: Penguin, 2014), 99.

[2] Kalsched, "Defences of the self", 480.

[3] Van der Kolk, *The Body Keeps the Score*, 74.

ha ido erosionando durante un tiempo considerable, y que la decisión de abandonar, aunque aparentemente repentina, fue el paso inevitable en un proceso de evolución. La cantidad y el nivel de lectura, la investigación y la preparación para cada clase, gradualmente se habían vuelto abrumadores. El esfuerzo por seguir el ritmo de los demás en la clase era agotador, la disciplina requerida para pensar con intensidad y profundidad, y perseverar en el trabajo cuando estaban física y mentalmente cansados, se volvió simplemente insoportable. Pero ¿quién lo hubiera imaginado? Cada semana, el cuerpo estaba presente en clase, los ojos brillaban, el estudiante parecía estar concentrado, pero en realidad luchaba con un proceso de negación, diciéndose a sí mismo que podía hacerlo y reprimiendo la creciente sensación de desesperanza, evitando el conflicto interno, y finalmente insensibilizándose a la disonancia psicológica, aunque con el tiempo todo esto estalla a la luz, y la salida se convierte en el único, y para ellos, absolutamente necesario, medio de supervivencia.

¿Qué se debe hacer entonces? ¿Hay alguna manera de ayudar a SWCN a superar el curso, superar las barreras del éxito y lograr la transformación que la educación puede ofrecer? Sin duda, no hay una receta para el éxito seguro o garantizado, pero sí hay maneras de apoyar mejor a SWCN, lo que tiene la ventaja de dar a los docentes un poco más de confianza en que hicimos todo lo posible para ayudar a estos estudiantes, independientemente de su identidad o origen, a alcanzar sus metas.

¿Qué se puede hacer?

Quiero mencionar ocho consejos prácticos que podrían ser útiles al dar la bienvenida a un SWCN a un nuevo curso universitario. Esto no es un método, sino una lista aleatoria de comportamientos que el profesor podría adoptar según las circunstancias.

1. No muestres demasiada empatía con un estudiante con discapacidad intelectual. Es común que un estudiante con discapacidad intelectual perciba que el profesor esconde su verdadera identidad tras su rol profesional, una parte triste, pero real, del mundo delirante y la autopercepción de un estudiante con discapacidad intelectual. Cuando el profesor se esfuerza por ser atento, afirmativo, alentador y elogiador, resulta contraproducente, ya que refuerza la percepción del estudiante de que nadie es honesto con él. Saben que son incompetentes, indignos, incapaces de alcanzar su potencial. ¿Por qué todos fingen lo contrario?

2. No reduzca los límites ni las expectativas de lo que se requiere de un SWCN, ya que esto da margen de maniobra para la explotación del profesor y del sistema. Reducir las expectativas y ser indulgente refuerza en un SWCN la idea de que no es lo suficientemente bueno para la clase y que se le trata de forma diferente; es un "caso especial". La retroalimentación crítica por un bajo rendimiento en clase o en las evaluaciones es un ejemplo importante de lo bueno y lo malo que debe mantenerse unido como expresión de la verdad y la realidad que forman parte de la vida.

3. Es de esperar que un SWCN tenga que esforzarse más que la mayoría de los demás estudiantes para alcanzar el éxito, pero el éxito debe ser suyo, no algo que se consiga por compasión. Puede ser útil contar con un tercero, un trabajador de apoyo, que se comunique regularmente con el estudiante para

animarlo a seguir adelante y ayudarlo con las tareas de clase.
4. Sea auténtico y genuino con SWCN, ya que ellos, entre todos los estudiantes, reconocen la compasión condescendiente cuando no es del todo genuina. El propósito fundamental de este enfoque, más allá de la mera cuestión de integridad, es que SWCN se dé cuenta de que se encuentra en un espacio seguro para expresar sus desafíos y recibir críticas y correcciones.
5. Los estudios han demostrado que contar con una red de apoyo, o al menos con una persona que les genere seguridad, es crucial para que un SWCN pueda desenvolverse en el nuevo mundo de la educación superior.[1] Un SWCN se beneficiará significativamente de la designación de un mentor o defensor al que conozcan al inicio del curso y de alguien que se comunique con ellos regularmente, especialmente durante la primera semana de su trayectoria estudiantil. En nuestra institución, la persona ideal para este rol es el capellán universitario, quien imparte el curso, pero se mantiene alejado del personal para ser una persona "segura" con la que los estudiantes puedan comunicarse, sabiendo que su conversación es confidencial y sin restricciones.
6. Es importante que el personal reconozca la etapa/edad emocional en la que se encuentra un estudiante cuando se incorpora a un curso, ya que puede ser la misma que la edad anual en la que adquirió hábitos adictivos.

---

[1] Véase Van der Kolk, *The Body Keeps the Score*, 251.

7. Recuerden que los SWCN están en un viaje personal, lo cual es cierto para todos los estudiantes que ingresan a una carrera universitaria, pero su punto de partida probablemente sea mucho más remoto que el de la mayoría. He conocido a SWCN que no carecen de inteligencia innata, pero han tenido muy poca exposición a los libros, han escrito muy poco y leen textos rara vez. Muchos son los primeros en su familia en asistir a la universidad y carecen de contexto cultural para el paso que dan en el mundo de la educación superior.
8. Trabajar en el cultivo de la resiliencia en SWCN. La colaboración entre el profesor y SWCN es vital para tener esperanza de éxito con los estudiantes, ya que esta relación proporciona la seguridad que permite al estudiante aprender a procesar los reveses y alcanzar los éxitos. Van Der Kolk sugiere técnicas como el yoga y la atención plena que también pueden ayudar en este proceso de desarrollo de la resiliencia; sin embargo, estas no suelen estar al alcance de un profesor. Sin embargo, en el Scottish Baptist College tenemos la suerte de trabajar en una universidad que ofrece un excelente apoyo estudiantil a través de consejeros educativos profesionales, y se anima a los estudiantes a acceder a esta ayuda.

El trabajo de Lisa Miller en el campo de la psicología ha demostrado la conexión entre la espiritualidad y la resiliencia, y ha demostrado que el altruismo y la espiritualidad relacional pueden contribuir al desarrollo del núcleo existencial de una persona.[1] Esto me sugiere que, en

---

[1] Lisa Miller, *The Awakened Brain* (Dublín: Allen Lane, 2021), 41-2 y 222-3.

lugar de que el profesor se centre excesivamente en la experiencia de aprendizaje de un SWCN, como solemos hacer, se podría invitar al estudiante a trabajar con otro estudiante, un compañero de grupo, lo que le ofrece al SWCN un enfoque más allá de sí mismo y la oportunidad de invertir en alguien y algo externo a sus propias necesidades. Van der Kolk habla de la resiliencia como "el producto de la agencia: saber que lo que haces puede marcar la diferencia",[1] lo cual implica lo mismo y apunta en la misma dirección.

Conclusión

En el Colegio Bautista Escocés, nuestra intención y propósito es evitar toda forma de elitismo, manteniendo nuestro compromiso con los altos estándares de trabajo académico en el sector de la educación superior. Nos esforzamos por crear un camino hacia la educación teológica y la formación profesional para cualquiera que se sienta llamado a recorrer este camino. No somos tan ingenuos como para pensar que cualquiera puede obtener un título en teología, y algunos se benefician más matriculándose en un programa más sencillo. El problema con el SWCN no es si son lo suficientemente inteligentes como para cursar el curso —esa pregunta ya se habrá planteado antes de que comiencen—, sino si un entorno disfuncional, adictivo o abusivo alterará lo que podrían lograr si no fuera por el poder autodestructivo que opera en su espíritu/psicología. No podemos garantizar que todos los que comienzan su carrera lo completen y se gradúen con honores, pero quienes lo hacen se ven profundamente transformados por la experiencia y reciben la validación pública de su logro y su valor para la sociedad, como

---

[1] Van der Kolk, *The Body Keeps Score*, 426-27.

redención de su máximo potencial. Éste es el valor de la educación, y si podemos hacerlo mejor y permitir que SWCN logre más, entonces aprendamos unos de otros y transmitamos lo que aprendemos para ser más eficaces en los objetivos que nos hemos fijado.

Scottish Baptist College (SBC), ubicado en Escocia, es una institución teológica comprometida a brindar una educación teológica accesible y de grado, arraigada en las tradiciones bautistas, pero abierta a diversas convicciones cristianas. Ofrece una gama flexible de modalidades de estudio —tiempo completo, tiempo parcial y modular— que permiten a los estudiantes completar programas desde certificados de un año hasta una Licenciatura en Divinidad (con honores) de cuatro años en Teología con Estudios Pastorales. SBC valora una comunidad de aprendizaje compuesta por estudiantes de diversas etapas de la vida y orígenes, con el objetivo de capacitarlos para participar en la fe y la misión cristianas, tanto en la iglesia como en la vida pública.

El reverendo Dr. Ian Birch es director del Scottish Baptist College, donde también enseña estudios bíblicos, ética, historia de la iglesia, liderazgo cristiano e identidad y herencia bautistas. Nacido en Wirral en Cheshire, pasó unos veinticinco años en el ministerio pastoral, sirviendo a congregaciones en Gillingham, Southsea, St Helens y Kirkintilloch antes de unirse a SBC como personal de tiempo completo en 2008. Sus credenciales académicas incluyen títulos en teología (Universidad de Gales / Spurgeon's College), estudios bíblicos (Open University / ICC) y un doctorado en teología histórica de la Universidad de St Andrews. Reconocido por su excelencia docente, ostenta el estatus de Miembro Principal de la Autoridad de Educación Superior (PFHEA). Bajo su liderazgo, SBC enfatiza la erudición rigurosa arraigada en las convicciones bautistas, equipando a los estudiantes para vocaciones académicas y ministeriales.

Becarios de liderazgo de Trinity
Compartiendo el amor de Dios a través del servicio a las comunidades

Robert Garris

El título de este volumen, centrado en el servicio, refleja directamente mi comprensión de la educación teológica y el desarrollo del liderazgo, el campo educativo en el que he trabajado durante años. Desde mi adolescencia en la Iglesia Episcopal, he entendido el evangelio como un llamado a servir a nuestros semejantes en necesidad espiritual o física. Y a lo largo de las décadas que he trabajado en educación de posgrado en políticas públicas y desarrollo del liderazgo, ese compromiso de servir a los necesitados ha influido una vez más en mi comprensión del desarrollo del liderazgo. En la Iglesia Trinity de la ciudad de Nueva York, he tenido el privilegio de combinar mi fe y mi experiencia en el desarrollo del liderazgo en la creación del programa Trinity Leadership Fellows.

Al desarrollar un programa de liderazgo centrado en el servicio a los necesitados, no nos centramos únicamente en la literatura especializada sobre liderazgo de servicio, sino que trabajamos con una perspectiva que considera todo tipo de liderazgo, incluyendo el ministerio de líderes religiosos, como un enfoque centrado en servir a los necesitados y empoderarlos para que lideren por derecho propio. Este es el enfoque principal del proceso de selección de nuestro programa de becarios. Toda la experiencia educativa está imbuida del sentido de propósito y el compromiso de servicio compartidos entre nuestros becarios. Aprenden a través de nuestro currículo y se apoyan mutuamente en sus trayectorias, fortaleciendo su capacidad para servir a sus congregaciones y comunidades, y para promover el Reino de Dios de manera tangible y cotidiana en sus comunidades.

El plan de estudios comparte muchos puntos en común con los programas ofrecidos por algunos de los principales programas de gestión empresarial y sin fines de lucro del mundo, con dos elementos diferenciadores: la fe y la comunidad. La fe impregna todo el plan de estudios y la experiencia. A lo largo de todo el curso, se les pide a los becarios que expresen con seguridad y coherencia cómo los valores arraigados en su fe influyen en las difíciles decisiones que deberán tomar como líderes.

A lo largo de todo el currículo, se anima a los becarios a desarrollar sus habilidades para mantener relaciones, tanto entre sí como con sus congregaciones y comunidades. En todas las clases, se les exhorta a actuar con los demás, no para ellos, desarrollando así las habilidades interpersonales necesarias para servir eficazmente. Cada curso del currículo es una variación del tema de establecer, nutrir y expandir relaciones, con el objetivo de construir el reino de Dios al servicio de los demás. El currículo también complementa y fortalece las iniciativas de educación en la fe de otros programas teológicos. Al ofrecer cursos complementarios para profesionales emergentes y avanzados, y para apoyar a grupos y redes que desean aprender en comunidad, el programa de becarios de Trinity Leadership amplía la rica oferta disponible para quienes se sienten llamados a liderar a través de su fe.

Construyendo comunidad

Este programa de educación y formación, que combina la fe con el servicio, asume que las habilidades efectivas para construir relaciones y comunidad son esenciales para servir y abordar las necesidades físicas y espirituales y crear cambios positivos en los vecindarios que nos rodean.

La primera semana de cada año de la confraternidad es una experiencia presencial intensiva, dedicada principalmente a construir comunidad dentro de la cohorte. Gran parte del resto del currículo se estructura en torno a la relación y el servicio a las comunidades y congregaciones, pero es importante comenzar desde casa y asegurar una comunidad sólida dentro de la cohorte de aprendizaje. En un taller llamado "Comprensión de uno mismo como líder", los becarios profundizan en su experiencia personal en grupos pequeños, compartiendo cómo su fe, creencias, valores, pasiones, sufrimiento y conexiones sociales moldean su identidad como líderes. Un objetivo inmediato de estos dos días de profunda introspección es elaborar una declaración pública de fe, valores y liderazgo, una forma concisa de compartir con otros y expresar cómo su fe influye en su forma de liderar. Pero el taller de dos días también cumple el propósito fundamental de construir comunidad, confianza y compromiso entre los becarios. Se apoyarán mutuamente no solo a lo largo de un currículo de doce meses (más sobre esto próximamente), sino que también servirán como una comunidad de responsabilidad mutua al completar un proyecto de segundo año y posteriormente a lo largo de sus ministerios y carreras profesionales.

Tras este taller intensivo, mientras aún se encuentran en la ciudad de Nueva York, los becarios comienzan su primer curso sobre Organización Comunitaria. Como todos sus cursos, este se centra en construir y mantener relaciones, y en empoderar a las personas para que afronten sus propios desafíos. En este caso, las relaciones en cuestión trascienden los límites de cualquier institución (iglesia, organización sin fines de lucro, empresa u oficina gubernamental) para conectar a toda una comunidad en un sentido de propósito compartido. Como en todos los cursos, este curso es impartido por una persona de fe activa que ha realizado esta labor desde su lugar de culto, en y con su propia comunidad. Más adelante en la semana, los becarios visitan las inspiradoras Casas Nehemiah en East Brooklyn, un ejemplo de éxito impresionante de congregaciones que se organizan y toman la iniciativa para mejorar el vecindario que las rodea.

Juntas, estas congregaciones han transformado su barrio, que pasó de ser uno de los rincones más desatendidos de la ciudad de Nueva York a una extensa y hermosa colección de miles de viviendas asequibles, casi la mitad de ellas ocupadas por sus propietarios. Las Casas Nehemiah tuvieron un éxito en un entorno y una época particulares que no se puede replicar fácilmente en otros lugares. Sin embargo, los principios de escuchar, empoderar a los miembros de la comunidad y la colaboración entre las personas de fe y el gobierno para abordar las necesidades urgentes de su propio barrio se aplican a casi cualquier contexto, lo que convierte esta visita en una experiencia enriquecedora para nuestros becarios.

El resto del currículo, disponible también en línea de forma asincrónica y gratuita a través de FaithLeadershipCampus.org, continúa con el tema de fortalecer las habilidades para las relaciones y la comunidad, con el objetivo de servir a quienes nos rodean y construir el reino de Dios en nuestros vecindarios. Los cursos sobre Transformación de Conflictos y Gestión del Cambio preparan a nuestros becarios para mantener e incluso fortalecer las relaciones y la comunidad en tiempos de cambio. Nuestro curso sobre Administración de Iglesias y Organizaciones sin Fines de Lucro, el más práctico del currículo, prioriza a las personas y las relaciones en el liderazgo de una organización en cada uno de sus casos prácticos. Las personas y las relaciones son el núcleo del curso sobre Liderazgo Adaptativo. Ya sea examinando las relaciones y la dinámica de grupo desde la comodidad de la casa o desde la pista de baile, ajustando conscientemente la intensidad del conflicto para mantener el progreso y fortalecer las relaciones, comprender la relación entre las partes interesadas es esencial en cada fase de este enfoque del liderazgo adaptativo. Por último, pero no menos importante, el curso para becarios sobre emprendimiento social trata sobre el lanzamiento de una empresa que esté profunda y genuinamente arraigada en la conciencia y la relación con la comunidad a la que la empresa social pretende servir.

Las habilidades de liderazgo que reconocen y valoran lo divino en nuestros feligreses, vecinos y relaciones son la base de este programa de fe y liderazgo. Nuestro currículo se inspira en programas seculares de gestión empresarial y sin fines de lucro, pero a la vez centra la fe, el amor, las relaciones y la comunidad como fundamentos de un servicio fiel y eficaz con y para los demás. Al centrar la fe y la comunidad en el desarrollo de habilidades prácticas de liderazgo, nuestro objetivo es formar cohortes de líderes fieles y eficaces que puedan impulsar el Reino de Dios en sus comunidades a diario y en el resto de sus ministerios.

Robert Garris Ha desarrollado programas innovadores de educación internacional y formación profesional en universidades y fundaciones durante más de veinte años, trabajando para Schwarzman Scholars (un programa de desarrollo de liderazgo en China), la Fundación Rockefeller, la Universidad de Columbia y la Escuela de Estudios Internacionales Avanzados de Johns Hopkins. También forma parte de las juntas directivas de empresas y organizaciones sin fines de lucro relacionadas con la educación en Estados Unidos y en el extranjero. Rob obtuvo su doctorado en Historia Europea en la Universidad de Carolina del Norte, Chapel Hill, donde se especializó en inmigración y política urbana. Actualmente es Director Ejecutivo del programa Trinity Leadership Fellows y Director General de la iniciativa de Desarrollo de Liderazgo del equipo de filantropía de la Iglesia Trinity en la ciudad de Nueva York.

El programa Trinity Leadership Fellows y la iniciativa de Desarrollo de Liderazgo del equipo de filantropía de la Iglesia Trinity en la ciudad de Nueva York. Estas iniciativas interconectadas desarrollan las capacidades de liderazgo de las personas de fe, empoderándolas para atender con mayor eficacia las necesidades urgentes de sus comunidades y congregaciones.

Evaluación confiable y formación pastoral
Introducción a la Educación Teológica Basada en Competencias (CBTE)

Marjolein de Blois
Greg Henson

Un panorama cambiante

La educación teológica atraviesa un período de importantes disrupciones. Los modelos tradicionales, que antes parecían inamovibles, ahora están siendo cuestionados tanto por instituciones como por estudiantes e iglesias. La matrícula está disminuyendo en muchos seminarios. Los modelos financieros se encuentran bajo presión. Las lealtades denominacionales se han debilitado y las tasas de retención de pastores que permanecen en el ministerio están disminuyendo. Los estudios muestran que, cinco años después de graduarse de los seminarios, una gran mayoría de los graduados ha abandonado el ministerio para buscar otras vocaciones.[1] Al mismo tiempo, las exigencias de la vida congregacional han llevado a muchos a cuestionar si los programas convencionales satisfacen las necesidades de la formación pastoral. Estas presiones externas se ven agravadas por dudas internas

---

[1] Michael Duane Kitsko, "Early Career Attrition of Seminary Graduates: Effects of Perceived Fit, Early Childhood Experiences, Financial Debt, and Mentoring," PhD Dissertation, Michigan State University, 2019.

sobre si los sistemas educativos actuales están cumpliendo con su propósito original.

Ante este panorama cambiante, no basta con ajustar los métodos de impartición ni actualizar los catálogos de cursos. Se necesita un análisis más profundo de las filosofías educativas que configuran la concepción y la práctica de la educación teológica. Los supuestos que subyacen a los créditos, los tipos de entornos de aprendizaje y la secuenciación de los cursos han pasado prácticamente desapercibidos. Al mismo tiempo, las instituciones buscan modelos operativos más sostenibles y más receptivos a la iglesia. Ambas dimensiones, la filosófica y la práctica, deben mantenerse unidas.

Este ensayo propone la Educación Teológica Basada en Competencias (ECB) como respuesta a este momento. La ECB no es un nuevo método de impartición ni una alternativa administrativa. Es una filosofía de la educación teológica que armoniza la formación teológica, la filosofía educativa y la práctica institucional. Basándose en el trabajo de Kenton Anderson y Gregory Henson en *Theological Education: Principles and Practices of a Competency Based Approach*, este ensayo analizará el panorama actual, examinará los supuestos predominantes que lo configuran y propondrá la ECB como una respuesta coherente con implicaciones tanto teóricas como prácticas.

El clima actual

La larga historia de la educación teológica representa una trayectoria que va desde el aprendizaje íntimo y relacional, basado en el seguimiento y aprendizaje directo de Jesús, hasta los enfoques cada vez más sistematizados e institucionalizados de la educación occidental moderna. En los inicios del movimiento cristiano, los estudiantes seguían a líderes espirituales y aprendían a través de la experiencia. No fue hasta la Alta Edad Media que los logros intelectuales suplantaron un modelo de aprendizaje más práctico. Esto se consolidó posteriormente en la época conocida como la Ilustración. Por supuesto, este desarrollo no se desarrolló de forma lineal, y siempre hubo excepciones, incluso en el auge del modelo universitario en Europa Occidental y Norteamérica. A menudo, este cambio hacia el modelo universitario fue de la mano con la posición establecida de las iglesias cristianas en determinadas naciones y contextos. En tales casos, el ministro era una figura de autoridad cultural y admirado por su posición y sus conocimientos teóricos. Por ello, la educación teológica se centró en la transmisión de la teoría, el debate con los compañeros, el aprendizaje de los maestros y la incorporación a las comunidades como expertos religiosos.

El clima ha cambiado. El cristianismo ya no ostenta la hegemonía cultural en la mayoría de los contextos, y el ministerio rara vez ocupa la posición cultural privilegiada que sustenta un gobierno o el entorno cultural en general. La educación teológica se desarrolla hoy en un ecosistema institucional frágil. Para muchos seminarios y escuelas de teología, la combinación del aumento de los costos y la disminución de la matrícula ha puesto en duda su sostenibilidad a largo plazo. Las escuelas que alguna vez fueron referentes denominacionales ahora enfrentan una incertidumbre existencial. Algunas han cerrado. Otras se han fusionado. Y otras operan bajo una creciente presión financiera. Sugerimos que estas realidades no son simplemente problemas presupuestarios. Reflejan preguntas más profundas sobre el papel y la relevancia de la educación teológica en un panorama cultural y educativo en rápida evolución.

Al mismo tiempo, la iglesia está cambiando. Menos estudiantes llegan con fuertes vínculos denominacionales o caminos claros hacia el ministerio. Muchos buscan la preparación sin apoyo institucional. Las iglesias se preguntan si los graduados están preparados no solo para pensar y razonar teológicamente, sino también para liderar, pastorear y servir en entornos sociales y espirituales complejos, tanto dentro de la iglesia como en la sociedad. Durante los últimos 40 años, la suposición arraigada de que una Maestría en Divinidad conduce de forma fiable a un liderazgo pastoral competente ha sido cuestionada lenta y persistentemente desde el ámbito académico y la iglesia.

Los patrones culturales también han cambiado. Debido a la necesidad económica, los estudiantes a menudo trabajan a tiempo completo mientras estudian. Muchos ya participan en el ministerio y necesitan una educación que apoye, en lugar de interrumpir, ese trabajo. Dejar el ministerio, desarraigar a sus familias y mudarse a otra ciudad para cursar cuatro años de formación en el seminario no es una opción para muchos. Otros buscan modelos que reconozcan la experiencia previa y las habilidades demostradas. El enfoque tradicional, centrado en el aula y con plazos definidos, tiene dificultades para adaptarse a esta complejidad. Fue diseñado para una generación diferente, sirviendo a un tipo diferente de iglesia, en un momento cultural diferente.

En conjunto, estas realidades sugieren la necesidad de una reevaluación seria. La inestabilidad institucional, las cambiantes expectativas eclesiales y la cambiante demografía del alumnado han creado un clima en el que ya no se puede asumir que los modelos heredados cumplan los propósitos para los que fueron creados. El desafío no es solo operativo, sino también filosófico y teológico. Es un desafío que no solo aborda lo que aprendemos, sino también cómo formamos líderes competentes y comprometidos que sirven y continúan sirviendo en tiempos complejos y de presión. La solución debe basarse en la misión, no en la supervivencia. El objetivo no puede ser simplemente que las instituciones prosperen, para no convertirlas en ídolos.

La filosofía educativa predominante

Detrás de cada sistema educativo hay un conjunto de supuestos. En la educación teológica, muchos supuestos se han heredado de la universidad moderna. El ejemplo más visible es la hora de crédito. Aunque ampliamente aceptada y profundamente arraigada, la hora de crédito es simplemente una construcción social. Muchos coincidirán en que el tiempo es una mala medida del aprendizaje, y algunos están dispuestos a sugerir métodos alternativos. Sin embargo, nosotros sugerimos que las horas de crédito no solo son una mala medida del aprendizaje, sino también una mala medida del tiempo. Si bien se supone que es una medida que estandariza el tiempo de instrucción, la hora de crédito ni siquiera cumple esa función. De hecho, durante una audiencia en el Congreso en 2010, Sylvia Manning, quien entonces se desempeñaba como presidenta de la Comisión de Educación Superior, señaló: "La aparente precisión de *la hora de crédito* tal como se definió originalmente, basada en el hecho de que tiene números, *es una ilusión* ".[1] Sin embargo, con el tiempo se ha convertido en el mecanismo principal mediante el cual se mide el aprendizaje, se estructuran los títulos y se monitorea la viabilidad institucional.

---

[1] *The Department of Education Inspector General's Review of Standards for Program Length in Higher Education*, 2010, pág. 21, énfasis añadido

Este sistema basado en el tiempo implica una filosofía educativa. Supone que si los estudiantes pasan un número determinado de horas en clase bajo la instrucción de un profesor cualificado, se ha producido el aprendizaje. De esta manera, las instituciones llegan a equiparar el tiempo con el dominio y la presencia con la formación. Esta lógica inclina los programas hacia la cobertura curricular y la impartición de contenidos, a menudo en detrimento del aprendizaje integrado, la formación contextual o el discernimiento espiritual que surge de las experiencias vitales integradas de la participación activa en el ministerio. La suposición tácita es que la exposición a la información produce aprendizaje, incluso cuando hay poca evidencia de dominio demostrado.

Los modelos científicos y los expertos en pedagogía coinciden en que el aprendizaje es una integración de conocimiento y práctica. Tanto el aprendizaje cognitivo como la aplicación práctica o vocacional son esenciales para formar una persona competente. Muchas iglesias que actualmente se aferran al énfasis cognitivo en el aprendizaje afirman que es *después de* la formación en el seminario y durante los primeros años de ministerio que el graduado adquiere habilidades prácticas. Si bien las iglesias pueden haber practicado este enfoque, como se mencionó, ha provocado agotamiento y una disminución en las tasas de retención de pastores, así como una sensación generalizada de ineficacia.

Además, esta filosofía, que enfatiza la absorción cognitiva, tiende a priorizar lo que se puede enseñar y evaluar en entornos de aprendizaje tradicionales, ya sean presenciales o en línea. La entrega y el dominio del contenido se convierten en el centro de gravedad. Otras dimensiones del conocimiento se tratan como secundarias o como asuntos que se desarrollan fuera del proceso educativo formal. Las estructuras a menudo refuerzan esta separación al dividir los departamentos académicos por disciplina y relegar la formación a oficinas específicas o actividades cocurriculares.

Los modelos científicos y los expertos en pedagogía coinciden en que el aprendizaje es una integración de conocimiento y práctica. Tanto el aprendizaje cognitivo como la aplicación práctica o vocacional son esenciales para formar una persona competente. Muchas iglesias que actualmente se aferran al énfasis cognitivo en el aprendizaje afirman que es *después de* la formación en el seminario y durante los primeros años de ministerio que el graduado adquiere habilidades prácticas. Si bien las iglesias pueden haber practicado este enfoque, como se mencionó anteriormente, ha provocado agotamiento y una disminución en las tasas de retención de pastores, así como una sensación generalizada de ineficacia.

El resultado es un enfoque que lucha por servir a la iglesia y no logra abrazar la naturaleza integral del conocimiento, tan profundamente arraigada en las Escrituras. Las Escrituras nunca desconectan el aprendizaje cognitivo de la formación del carácter y la sabiduría para la vida. Si bien el enfoque actual del aprendizaje tiende a producir lo que Perry Glanzer denomina "expertos novatos",[1] a menudo no fomenta el conocimiento integrado ni la profundidad formativa porque tiende a privilegiar la abstracción sobre la práctica y el dominio del contenido sobre la sabiduría. Estas tendencias no son producto de la negligencia. Son los resultados predecibles de un sistema

---

[1] Glanzer, Perry L. "Are You Trying to Create Experts or Mentor Students toward Excellence? The Two Are Not the Same." CHRISTIAN SCHOLAR'S REVIEW (blog), 3 de septiembre de 2025.

construido sobre una comprensión particular de la educación, moldeada por las epistemologías arraigadas de la Ilustración. Si la educación teológica ha de servir a la iglesia, debe confrontar no solo sus métodos, sino también la filosofía que los sustenta. La educación teológica está reconsiderando, con razón, prácticas antiguas de épocas en las que las iglesias eran culturalmente marginales, ya que se acerca mucho más a cómo son las cosas hoy en día en la mayoría de los contextos.

La conexión no examinada entre la filosofía y la práctica

Los desafíos actuales suelen presentarse como problemas prácticos. Las escuelas lidian con la matrícula, los presupuestos y los estándares de acreditación. Los estudiantes buscan flexibilidad. Las iglesias buscan graduados con capacidad de liderazgo. Estos se tratan como cuestiones tácticas. En realidad, están profundamente interconectados y son interdependientes.

Cuando las instituciones se organizan en torno a la hora de crédito, deben construir sistemas con calendarios fijos, carga docente del profesorado y una enseñanza centrada en el aula. Esto crea estructuras difíciles de adaptar. El modelo se resiste a la innovación no solo porque las personas se resisten al cambio, sino porque el sistema es rígido por diseño. Al mismo tiempo, estas estructuras moldean la definición de éxito de una institución. La finalización de estudios se convierte en el indicador principal. Los títulos otorgados, en lugar de la formación, se convierten en la medida del éxito. La medición de la finalización no contribuye a la conexión entre la iglesia y la institución. Más bien, centrarse solo en la finalización académica puede resultar en un estudiante cognitivamente formado, pero que puede no estar preparado práctica, espiritual y vocacionalmente para el ministerio.

Muchas escuelas se establecieron cuando el camino del seminario al púlpito era lineal y predecible. Quienes sentían el llamado al ministerio se graduaban de la preparatoria o la universidad y continuaban sus estudios para el ministerio, incluso sin mucha experiencia en la vida o el ministerio. En una sociedad donde el cristianismo es la norma cultural y existe una relativa estabilidad cultural, esto podría haber parecido funcionar mejor. La Iglesia se encuentra hoy en una situación muy diferente. Un modelo basado en la transferencia de información y la instrucción con plazos definidos no es apropiado para este tiempo y lugar ni adecuado para la labor formativa de la educación teológica en una sociedad donde la iglesia y sus valores están bajo presión.

En resumen, los desafíos institucionales no son solo circunstanciales. Reflejan supuestos más profundos sobre lo que significa enseñar, aprender y formar seguidores de Jesús que prosperen en sus vocaciones al practicar la sabiduría de la vida espiritual. Si estos supuestos no se cuestionan, los ajustes operativos serán, en el mejor de los casos, temporales. El futuro de la educación teológica depende de que la filosofía y la práctica vuelvan a estar en armonía.

CBTE como respuesta

La Educación Teológica Basada en Competencias, tal como la definieron y entendieron sus primeros defensores, surge como una respuesta sólida y multifacética a la desconexión entre la Iglesia y las estructuras heredadas de la educación teológica. Reconoce que los desafíos operativos y las limitaciones filosóficas deben abordarse simultáneamente. En lugar de comenzar con una lista de cursos o un currículo, la CBTE invita a los estudiantes, las instituciones y la Iglesia a comenzar por considerar qué significa ser competente para el ministerio y cómo demostrarlo. Este cambio es pequeño en palabras, pero de gran alcance en implicaciones.

A diferencia de la educación basada en el tiempo, la CBTE se basa en la premisa de que el aprendizaje se demuestra mediante el desempeño, no mediante el tiempo dedicado a la enseñanza o tareas abstractas. Los estudiantes progresan cuando demuestran dominio de resultados específicos que surgen de las necesidades de la iglesia y las realidades vividas del ministerio. De esta manera, la CBTE restablece una especie de integridad entre la educación teológica y la formación eclesial. El contexto vocacional de un estudiante determina su participación en el proceso de aprendizaje y su evaluación.

Este modelo también presenta ventajas prácticas. Dado que el aprendizaje no está sujeto a un calendario fijo, la ETC permite una mayor flexibilidad. Los estudiantes pueden avanzar a un ritmo que se alinea con su contexto. Esto les permite mantenerse *en* su contexto mientras aprenden. De esta manera, muchos permanecen inmersos en el ministerio, lo que facilita la integración de la teoría y la práctica en tiempo real. Para las instituciones, esto abre la posibilidad de nuevos modelos de impartición que no están limitados por la capacidad de las aulas ni por estructuras dedicadas a la medición del tiempo. Más bien, el aprendizaje tiene un componente práctico, ya que los estudiantes ministran mientras aprenden, con la guía de capacitadores experimentados. La transición no es sencilla. Sin embargo, la ETC ofrece una vía para abordar la rigidez estructural sin sacrificar la profundidad teológica.

La CBTE desafía la idea de que el dominio del contenido por sí solo es suficiente para la formación pastoral. Al centrarse en la competencia demostrada del conocimiento integrado, exige una trayectoria educativa que integre contenido, carácter, habilidades, madurez espiritual y sabiduría contextual. Recupera una visión tradicional de la formación cristiana que se centra no solo en el contenido bíblico y teológico, sino también en la persona en la que se está convirtiendo el alumno.

Evaluación confiable

Quienes deseen una visión más completa de la arquitectura de la CBTE pueden consultar *Theological Education: Principles and Practices of a Competency Based Approach* de Kenton Anderson y Gregory Henson. El libro presenta los principios fundamentales y las prácticas institucionales que dan coherencia a la CBTE. Es un punto de partida claro y útil. Los lectores interesados también pueden consultar el creciente conjunto de documentos técnicos elaborados por la Universidad Kairos, que exploran los detalles prácticos de este modelo y ofrecen un lenguaje conceptual que ha demostrado ser útil para su implementación.

En su libro, Anderson y Henson describen la Evaluación Holística como un principio fundamental de la CBTE. Desde la publicación del libro, la Universidad Kairos, presidida por Greg Henson, ha adaptado el principio de la Evaluación Holística. En su lugar, la institución ha optado por referirse a la Evaluación Confiable, de la cual forma parte. La evaluación holística sigue siendo esencial. Sin embargo, la Evaluación Confiable define mejor el objetivo integral. Se pregunta no solo si estamos considerando a la persona en su totalidad, sino también si todas las partes interesadas pueden confiar en el propio proceso de evaluación para emitir juicios significativos y justos sobre la preparación del alumno. Para esbozar las líneas generales de la evaluación confiable, conviene destacar tanto las prácticas de evaluación como las características de la evaluación que la impulsan en el debate sobre la CBTE.

Una evaluación confiable implica tres prácticas fundamentales. Los equipos de docentes y mentores participan en la observación atenta, la conversación intencional y la revisión evaluativa. Si bien estas son frases simples, están llenas de significado. La observación atenta enfatiza que en un modelo basado en resultados se pueden observar muchas formas de competencia en la práctica. Los comportamientos, actitudes, habilidades, disposiciones y capacidades cognitivas se hacen visibles en contexto y, por lo tanto, observables para la orientación y el crecimiento. La conversación intencional proporciona un espacio para indagar y aclarar lo observado. A medida que los estudiantes articulan su pensamiento, formulan preguntas y reflexionan en voz alta, los mentores pueden discernir cómo se está arraigando el aprendizaje y pueden ofrecer retroalimentación formativa que guía los próximos pasos. La revisión evaluativa presta atención a los artefactos que los estudiantes producen como demostraciones de aprendizaje, como proyectos, experiencias de aprendizaje situacional, artículos, diarios, presentaciones o exámenes, y combina la evaluación con la retroalimentación que apoya el desarrollo continuo.

Estas prácticas están animadas por cuatro características que hacen que la evaluación sea más confiable con el tiempo. Primero, la evaluación debe ser longitudinal. La evaluación es más confiable cuando se desarrolla durante un período que se alinea con los objetivos vocacionales de un estudiante, el ritmo preferido y el programa. Supone que el estudiante está presente en una comunidad que puede observar el desarrollo a lo largo del tiempo y depende de equipos de mentores que están equipados para ver el crecimiento de un estudiante desde múltiples ángulos. Segundo, la evaluación debe ser holística. La evaluación confiable insiste en que los estudiantes demuestren un crecimiento integrado en todos los dominios y dimensiones del conocimiento. *El contenido, el carácter* y *la habilidad* son inseparables. La debilidad en una dimensión puede comprometer el todo, por lo que la evaluación debe invitar y evaluar la integración, no simplemente listas de verificación dentro de silos.

En tercer lugar, la evaluación debe ser general, no estrictamente específica de cada tarea, cuando el objetivo es evaluar resultados integrados. Las rúbricas generales crean espacio para la identidad contextual y permiten a los equipos de mentoría observar cómo los estudiantes abordan problemas reales en sus comunidades mediante procesos de acción y reflexión. Por el contrario, las rúbricas específicas de cada tarea pueden imponer un marco único que podría no ajustarse al contexto y desvincular la evaluación de la relación. En cuarto lugar, la evaluación debe ser relacional. Dado que Dios obra en y a través de las relaciones, la formación es inherentemente comunitaria. Los equipos de mentoría acompañan a los estudiantes durante años y, por lo tanto, obtienen una visión más completa de su desempeño y de sus necesidades para seguir aprendiendo. Esta confianza permite una retroalimentación sincera y constructiva, expresada desde la relación en lugar del poder posicional.

La evaluación confiable también considera la evaluación como aprendizaje, no solo como evaluación del aprendizaje. En este enfoque, la retroalimentación, vinculada a objetivos y criterios claros, se convierte en un motor de crecimiento, y los estudiantes la utilizan activamente para monitorear su progreso y establecer los siguientes pasos. El énfasis recae en la metacognición y en el rol del estudiante como agente de formación. Esta orientación fortalece simultáneamente la fiabilidad y el valor formativo de la evaluación. Las habilidades de autorreflexión y la adaptabilidad a través de la autorreflexión son habilidades vitales que el estudiante conservará a lo largo de su vida y son aplicables a todas las dimensiones de la vida.

En resumen, la evaluación confiable replantea el debate. Abarca el alcance holístico de la formación, pero profundiza aún más al preguntarse si se puede confiar en toda la ecología de la evaluación. Analiza a través del tiempo, de los dominios y las dimensiones. Respeta el contexto con rúbricas generales que evalúan la integración. Se desarrolla en relaciones que sustentan una retroalimentación honesta. Y cultiva una postura formativa en la que la evaluación nutre el aprendizaje, no solo lo registra.

Implicaciones y primeros pasos

La CBTE tiene implicaciones que van mucho más allá de la revisión curricular. En esencia, la CBTE invita a las instituciones a repensar la naturaleza de la formación teológica. Para las escuelas que han operado durante mucho tiempo con modelos limitados en el tiempo y centrados en el profesorado, esto puede resultar desorientador. Sin embargo, el cambio no es meramente estructural. Es teológico. Y no es novedoso. La iglesia lo ha implementado durante muchas décadas. La CBTE exige a las instituciones que alineen sus sistemas con los propósitos que afirman servir. Es decir, el propósito de una formación integral mediante la formación del carácter, la capacidad cognitiva y la sabiduría práctica. Ese tipo de alineación conlleva tanto oportunidades como responsabilidades.

La primera implicación es cultural. Los supuestos que impulsan la ETC, como la formación en contexto, la mentoría en equipo y la evaluación fiable, desafían las normas establecidas. El profesorado sigue siendo esencial, pero su compromiso adquiere una forma diferente. Actúan como mentores dentro de los equipos y se ocupan de una formación que va más allá del rendimiento académico. Esto requiere humildad, colaboración y una postura que prioriza el acompañamiento sobre la transmisión unidireccional. Sin embargo, en el proceso de mentoría estudiantil mediante la reflexión y la participación activa, el profesorado también se formará a medida que coaprende con el alumno al que guía.

Los estudiantes también experimentan un camino diferente. No son receptores pasivos de contenido. Son participantes activos en la formación. Dado que la CBTE se centra en la competencia demostrada, los estudiantes deben practicar la reflexión sostenida y participar en una autoevaluación basada en contextos vocacionales. Esto puede ser exigente, no porque multiplique las tareas, sino porque exige una integración más profunda. No se les pide simplemente que completen un programa. Se les pide que se comprendan a sí mismos con sus fortalezas y deficiencias, que se desafíen a sí mismos y sean desafiados tanto en carácter como en conocimiento, y que se conviertan en discípulos confiables de Jesús en la comunidad, en el contexto y a lo largo del tiempo.

Para las instituciones, el avance hacia la ECP requiere cambios en múltiples niveles. Es necesario reconsiderar las estructuras de gobernanza. Es necesario rediseñar las políticas diseñadas en torno a las horas de crédito y el aprendizaje presencial. Es necesario reconstruir los sistemas de evaluación en torno a una evaluación fiable. Estos cambios exigen una atención seria, una amplia participación y una experimentación paciente. También requieren claridad teológica. La ECP no se sustentará únicamente en el pragmatismo. Debe arraigarse en un sentido compartido de vocación y servicio a la Iglesia.

A pesar de los desafíos, la transición es posible y ya está en marcha en diversos entornos. Para las escuelas que están considerando sus primeros pasos, suele ser útil invitar a otros a acompañarlas en sus inicios. Al momento de escribir este artículo, Symporus es, en nuestra opinión, el mejor socio para ello. Cuentan con años de experiencia trabajando con escuelas, iglesias y denominaciones de todo el mundo. Pueden encontrarlos en Symporus.com.

Si una escuela desea emprender por sí sola, lo más importante es plantearse preguntas fundamentales. ¿Qué tipo de graduados estamos llamados a formar? ¿Qué tipos de aprendizaje y formación producen esos resultados? ¿Cómo sería construir un sistema que se alinee con esas respuestas?

A partir de ahí, las escuelas pueden identificar o aclarar los resultados deseados. Estos deben reflejar no solo el contenido, sino también toda la formación, incluyendo la madurez espiritual, la capacidad de liderazgo, la alfabetización bíblica, la imaginación teológica y la integridad personal. Una vez definidos los resultados, la atención puede centrarse en cómo los estudiantes los demostrarán y cómo las comunidades los evaluarán con confianza y coherencia.

Los programas piloto pueden ayudar. En lugar de reformar todo de golpe, las escuelas pueden comenzar con un programa, cohorte o alianza específica. Estos experimentos más pequeños revelan perspectivas, revelan necesidades estructurales y generan impulso para un cambio más amplio. Y lo más importante, modelan cómo se ve la educación cuando no se basa solo en la tradición, sino en una reflexión profunda sobre la mejor manera de servir a la iglesia hoy.

Palabras de clausura

La educación teológica se enfrenta a un momento decisivo. Las instituciones lidian con la matrícula, las finanzas y cuestiones de relevancia. Las iglesias se preguntan si los graduados están realmente preparados para servir y son capaces de abordar las complejas cuestiones de la vida. Los estudiantes buscan un aprendizaje significativo, flexible y formativo para toda su vida y carácter. Estos desafíos surgen de suposiciones sobre qué es la educación y cómo debería funcionar. La crisis no es solo estructural o financiera. Es filosófica, pedagógica y teológica.

Para los educadores teológicos, la invitación es a considerar que la formación continua en teología (CBTE) comienza con humildad y continúa mediante la colaboración. Requiere claridad teológica y valentía institucional. El futuro no se forjará preservando los sistemas. Se forjará por quienes estén dispuestos a reimaginar cómo la formación puede ser fiel a la iglesia, sensible al contexto y arraigada en el evangelio. La CBTE es uno de esos caminos. No es el único. Es prometedor, y para muchas escuelas podría ser el siguiente paso en la fe.

La Dra. Marjolein (Jo) de Blois es licenciada en Antropología Cultural y Sociología del Desarrollo por la Universidad de Leiden y tiene una maestría y un doctorado en Estudios del Nuevo Testamento (Evangelio de Mateo) por el Seminario Teológico Reformado Puritano de Grand Rapids, Michigan. Actualmente se desempeña como Directora de Participación Global en PRTS y lidera los proyectos estratégicos del equipo ejecutivo.

El Seminario Teológico Reformado Puritano (Puritian Reformed Theological Seminary, RTS), ubicado en Grand Rapids, Michigan, fue fundado en 1995. Esta institución, acreditada por la ATS, busca capacitar a estudiantes para el ministerio pastoral, de consejería y de enseñanza a través de su amplia gama de programas académicos. El PRTS es reconocido por su riguroso contenido académico, así como por sus alianzas globales con seminarios que prestan servicios en todo el mundo.

Greg Henson es presidente y director ejecutivo de la Universidad Kairos y profesor de Liderazgo y Formación Organizacional. Tiene un Doctorado en Ministerio del Seminario Sioux Falls y un MBA de la Universidad Benedictina, además de estudios de grado del William Jewell College.

Kairos University es una universidad teológica interdenominacional con sede en Sioux Falls, Dakota del Sur. Sirve como centro de una red global de escuelas asociadas y opera con un modelo de educación teológica basada en competencias (CBTE). Está acreditada por la Comisión de Educación Superior y por la Comisión de Acreditación de la Asociación de Escuelas Teológicas.

Parte IV

Sobre las bibliotecas y su papel en la educación teológica

Las bibliotecas han sido desde hace mucho tiempo el centro de la educación teológica. Son espacios de preservación, descubrimiento y diálogo, que albergan no solo los textos que han moldeado la fe a lo largo de los siglos, sino también las herramientas necesarias para abordar las cuestiones emergentes. La Parte IV se centra en el papel de las bibliotecas tanto en el sostenimiento como en la transformación de la educación teológica.

Los ensayos de esta sección destacan cómo las bibliotecas son más que simples repositorios de información. Son espacios formativos que ayudan a estudiantes, profesores y comunidades a explorar ideas, cuestionar suposiciones e imaginar futuros alternativos. En una época en la que los recursos digitales y las nuevas tecnologías están transformando el acceso al conocimiento, las bibliotecas nos invitan a reflexionar sobre el significado de administrar fielmente la sabiduría. Nos recuerdan que la práctica de la educación teológica no se trata solo de crear nuevas ideas, sino también de cuidar cuidadosamente las tradiciones y conversaciones que nos preceden.

La biblioteca de hoy
Lo mejor del pasado por el bien del futuro

Kristin Johnston Largen

En 2022, el Seminario Teológico de Wartburg hizo algo que, en el contexto actual de la educación teológica, podría parecer contradictorio, o incluso absurdo: iniciamos una remodelación significativa de nuestro edificio educativo principal, incluyendo nuestra Biblioteca Conmemorativa Reu. (Y me complace decir que completamos el proyecto a tiempo y dentro del presupuesto). El nuevo espacio es hermoso y más pequeño, pensado para los usuarios de hoy y del futuro: entre otras cosas, reutilizamos el tercer piso, instalamos estanterías compactas, creamos espacio para colaboraciones por Zoom y adquirimos asientos con mejor capacidad para computadoras portátiles.

Ahora bien, antes de asumir que Wartburg está anclado en el pasado y completamente desactualizado, también debe saber que Wartburg se adelantó en el aprendizaje digital. Desde 2016, todos los programas de grado se imparten con una pedagogía de una sola clase y tres modalidades: todas las clases incluyen estudiantes residentes; estudiantes a distancia sincrónicos que se conectan al aula mediante Zoom usando los dos televisores grandes ubicados al frente y al fondo de cada sala; y estudiantes a distancia asincrónicos, que forman parte de la comunidad de aprendizaje en línea. En 2020, cuando tuvimos que cerrar nuestro campus, mantuvimos la calma y continuamos con toda la tecnología necesaria ya instalada.

Además, la temprana participación de Wartburg en la Biblioteca Teológica Digital y su apoyo a la misma han transformado fundamentalmente nuestra forma de pensar sobre lo que es una biblioteca y lo que una biblioteca puede hacer.

Entonces, en este momento, ¿qué hemos aprendido y hacia dónde nos dirigimos? En una conversación con Ericka Raber, directora de la Biblioteca Reu del Seminario Wartburg, surgieron algunos temas que seguiremos considerando y priorizando, y pensé que sería útil compartirlos aquí.

En primer lugar, sabemos que los problemas actuales en torno a los derechos de autor y los acuerdos de licencia seguirán afectando cómo [y a quién] podemos entregar recursos digitales. Ericka Raber de Reu Memorial Library señala:

> Sería fantástico que pudiéramos facilitar el acceso de los libros electrónicos a los estudiantes. Existen desafíos que dificultan esto, el mayor de los cuales son los acuerdos de licencia que requieren el uso de herramientas de gestión de derechos digitales y plataformas que requieren la descarga de software adicional con un inicio de sesión individual adicional para controlar y limitar el acceso digital. Estas herramientas y credenciales adicionales a veces resultan engorrosas para los estudiantes.

Este es un desafío que a menudo parece estar fuera de nuestro control, sujeto a las preferencias de empresas privadas y legisladores. Nuestro trabajo es mantenernos informados sobre las últimas normas y las últimas tecnologías, para poder tomar decisiones inteligentes sobre dónde y cómo invertir nuestros recursos. Además, quienes trabajamos en educación teológica podemos amplificar las conversaciones sobre el acceso abierto y los derechos de los autores, asegurándonos de que nuestros profesores y colegas sigan planteando preocupaciones sobre el acceso digital a sus editores.

En segundo lugar, dado que nuestra población de seminarios está compuesta por una amplia variedad de estudiantes, de diversa edad, origen y habilidades tecnológicas, no todos se sienten cómodos accediendo a materiales digitales. Esto intensifica la necesidad de que el profesorado y el personal capaciten de inmediato a los estudiantes para que utilicen recursos académicos de confianza, en lugar de simplemente recurrir a la IA y Google. En otras palabras, ¿cómo podemos animar mejor [y con mayor anticipación] a nuestros estudiantes a sumergirse en las aguas profundas, en lugar de simplemente chapotear en las aguas poco profundas?

No confío en que estemos haciendo lo suficiente para hacer realidad la visión de Raber de brindar una instrucción estructurada para estudiantes en torno a la investigación y el uso de recursos. Las necesidades de información e investigación varían según el momento del estudio, y sería útil que las habilidades de investigación se adapten a los cursos donde se puedan enseñar y practicar. Como todos sabemos, todos los estudiantes tienen cada vez más demandas de tiempo, lo que significa que a veces no pueden dedicar una atención seria a las herramientas de investigación bibliotecaria [y ahora me refiero tanto a herramientas físicas como digitales] hasta el momento en que las necesitan, que, como sabemos, puede ser las 10 de la noche anterior a la entrega de un trabajo, ¡y ese no es el momento en que se puede producir un aprendizaje profundo! Debemos trabajar para desarrollar más tutoriales "en el momento justo" (por ejemplo, videotutoriales de fácil acceso) a los que los estudiantes puedan acceder cuando quieran. El profesorado puede fomentar esta participación más temprano, y no más tarde, en la trayectoria del estudiante en el seminario, y en un curso específico del seminario.

En tercer lugar, sigue habiendo un lugar para una biblioteca física, no solo por nostalgia, sino para la misión continua de una institución teológica. La biblioteca física del Seminario Wartburg es un acogedor "tercer espacio" de descanso, estudio y trabajo colaborativo. Para nuestros estudiantes del campus, que no siempre cuentan con un lugar tranquilo y sin distracciones para estudiar en casa, la biblioteca es un lugar acogedor donde el ambiente fomenta la reflexión profunda y la creatividad. Además, dos veces al año, todos nuestros estudiantes asisten al campus para la Semana Prolog, un momento crucial para la formación y el desarrollo de la comunidad, fundamental para la formación de nuestros estudiantes. Durante estos momentos, la biblioteca ofrece oportunidades muy necesarias para acceder a la colección física, recibir asistencia práctica en la investigación y reunirse para trabajar en proyectos grupales, o simplemente para relajarse y fortalecer las amistades.

Además, Wartburg está desarrollando planes para un espacio de exhibición y meditación en el segundo piso. Este espacio invitará a los miembros de la comunidad a reflexionar críticamente sobre nuestro pasado para el futuro, a fin de seguir viviendo nuestra identidad como la institución que queremos ser y los líderes que queremos formar: líderes que la iglesia y el mundo necesitan con tanta urgencia. Creemos que nuestra inversión en una biblioteca física es fundamental para esta misión.

Finalmente, la biblioteca también desempeña una importante función archivística (tanto digital como impresa), donde se guardan materiales históricos, libros raros y documentos históricos locales. El acceso a estos recursos es valioso tanto para los miembros del seminario como para los usuarios externos.

El Seminario Wartburg agradece ser miembro de la Biblioteca Teológica Digital, ya que ha mejorado considerablemente los recursos que ofrecemos a nuestros estudiantes a distancia y la calidad de la educación que les ofrecemos. Al mismo tiempo, seguimos valorando el espacio físico de la biblioteca como el corazón de una institución educativa. En la declaración de misión de Wartburg, nos identificamos como "una comunidad centrada en la adoración y la reflexión teológica crítica donde el aprendizaje conduce a la misión y la misión informa el aprendizaje". La Biblioteca Conmemorativa Reu, tanto en su versión física como digital, nos permite seguir viviendo con valentía esa misión, y nos permitirá seguir haciéndolo en el futuro.

La Reverenda Dra. Kristin Johnston Largen es la decimoquinta presidenta del Seminario Teológico Wartburg (Wartburg Theological Seminary), Dubuque, Iowa. Es ministra ordenada de la Iglesia Evangélica Luterana de América y doctora en Teología Comparada por la Unión Teológica de Graduados, Berkeley, California. Es autora de numerosos libros, artículos y capítulos de libros. Su libro más reciente es *A Christian Exploration of Women's Bodies and Rebirth in Shin Buddhism* (Lexington Books, 2020).

El Seminario Teológico Wartburg sirve a la iglesia de Cristo a través de la Iglesia Evangélica Luterana en América, siendo una comunidad centrada en la adoración y de reflexión teológica crítica, donde el aprendizaje conduce a la misión y la misión informa el aprendizaje. En colaboración con la iglesia local y global, el Seminario Wartburg forma, capacita y envía líderes cristocéntricos, resilientes y adaptables que interpretan, proclaman y viven el evangelio de Jesucristo para el florecimiento de las congregaciones y la sanación del mundo. Los graduados de Wartburg están llamados a ser líderes con pasión por Cristo y compasión por las comunidades. Encarnarán fielmente la historia de Jesucristo e invitarán a otros a esta historia transformadora con esperanza y alegría.

Debemos preservar los libros a toda costa

Stanley E. Porter

El proyecto DTL es invaluable no solo para la educación teológica, sino también para la cultura occidental y su supervivencia intelectual. Esto puede parecer una afirmación extrema, y lo es, intencionadamente. Pero la preservación e incluso el florecimiento de la cultura occidental es más que una simple moda pasajera o una tendencia actual. La cultura occidental es el pilar de nuestra civilización y, de hecho, de la educación teológica. Es ahí donde DTL desempeña un papel vital.

Por si algunos no lo han notado, vivimos en un entorno cada vez más efímero, temporal y cientificista (dudo en usar el término cultura), en el que las últimas modas, sobre todo si se envuelven en tecnología apropiada y se autoproclaman descabelladas, parecen tener mayor vigencia. Hemos perdido de vista que todas estas expresiones de la vida actual, ya sean buenas o (desafortunadamente) malas, se basan en la acumulación de conocimiento humano, y eso significa la cultura del libro, aunque yo diría que sus expresiones negativas son expresiones truncadas o incluso malentendidos.

La cultura del libro no puede subestimarse. Proporciona la conexión continua desde donde nos encontramos ahora hasta los cimientos de nuestra cultura y sociedad. Ha habido muchos desvíos y errores a lo largo del camino, y me atrevo a decir que nos encontramos en uno de esos puntos de nuestro desarrollo ambiental incluso mientras escribo, pero es porque finalmente recordamos —

casi inevitablemente a través de la lectura— que hay otras maneras de pensar, otras maneras de hacer las cosas y, lo más importante, valores humanos y espirituales esenciales que no solo debemos recordar, sino practicar si queremos sobrevivir a nuestro dilema actual.

La Biblia y los estudios teológicos, por supuesto, desempeñan un papel central en todo esto, ya que proporcionan la base bíblica, teológica y ética del contenido de nuestro pensamiento y desarrollo occidental. En ese sentido, no se trata solo de libros. Se trata del acceso a los libros, y con ellos a sus escritos y, por ende, a su contenido, lo que nos coloca en una perspectiva adecuada respecto a lo que nos ha precedido y, por mucho que intentemos evitarlo, a lo que acontecerá en los tiempos venideros.

Como resultado, la DTL desempeña un papel invaluable en la educación contemporánea y en otros ámbitos. Es un elemento fundamental en la preservación y difusión del conocimiento que va más allá de las respuestas simplistas a los problemas humanos, hacia las ideas fundamentales que se han pensado, desarrollado y difundido a lo largo de los siglos. Por lo tanto, sienta las bases para el optimismo de que la situación humana no es tan grave como parece, ya que ya hemos pasado por esto antes, si nos hubiéramos tomado el tiempo de leer y descubrir nuestro pasado. Sin embargo, al acceder a estos escritos vitales, debemos recordar que tenemos opciones y alternativas, y que debemos aprovecharlas en el momento y con los fines adecuados.

Por supuesto, la tecnología digital (DTL) utiliza tecnología digital. Debe serlo, porque el mundo en el que vivimos utiliza conocimiento digital. Pero el contenido de la DTL no se compone solo de bits, bytes y similares. Se compone de libros y materiales similares, generados por millones de personas a lo largo de los siglos y preservados para que no tengamos que ser víctimas de nuestras circunstancias actuales, sin una guía de lo que ha sucedido antes o lo que sucederá después. Es la preservación, de forma accesible, del registro de nuestro pasado y la perspectiva de nuestro futuro, accesible no solo a unos pocos, sino potencialmente a todo aquel que desee no ser simplemente una criatura del presente, sino un ser humano pleno en el presente; es decir, una persona que conoce, aprecia, reflexiona críticamente con otros y luego actúa deliberada y éticamente en función de ese conocimiento, incluso si adopta una postura minoritaria, porque es una persona verdaderamente culta, alguien que ha leído las grandes ideas del pasado y se ha inspirado para el presente y el futuro.

¡Y pensábamos que DTL era simplemente una manera de evitar tener que comprar tantos libros y tener acceso rápido a muchas publicaciones!

Stanley E. Porter, PhD, es presidente, decano y profesor de Nuevo Testamento, y titular de la Cátedra Roy A. Hope en Cosmovisión Cristiana en McMaster Divinity College, Hamilton, Ontario. Tiene títulos en inglés, Nuevo Testamento y lingüística. Ha enseñado en todas estas materias. Porter es autor o coautor de 38 volúmenes y editor de más de 105 más. Su principal área de especialización es la lengua griega y la lingüística, donde ha innovado varias teorías y métodos relacionados con la lengua griega. También ha publicado ampliamente sobre la mayoría de los temas en los estudios del Nuevo Testamento, como Pablo, los Evangelios, la literatura joánica, Hechos, hermenéutica, el canon, la interpretación bíblica, la Septuaginta, la papirología y la epigrafía, y la crítica textual.

McMaster Divinity College (MDC) es un seminario teológico que hunde sus raíces en el Toronto Baptist College de finales del siglo XIX. Como institución académica independiente con su propia junta y senado, el MDC atiende a la iglesia evangélica en general, con más de cuarenta denominaciones diferentes entre sus estudiantes. El MDC está acreditado por la Asociación de Escuelas Teológicas de Estados Unidos y Canadá y continúa atrayendo a profesores y estudiantes dedicados tanto a la academia como al ministerio.

MDC ofrece una gama de programas de grado adaptados tanto a trayectorias ministeriales como académicas. Entre ellos se encuentran la Maestría en Divinidad (MDiv), el Doctorado en Teología Práctica (DPT) y diversas opciones de Maestría en Artes. McMaster también cuenta con programas de doctorado en estudios bíblicos, teológicos y ministeriales.

Adopción de publicaciones de acceso abierto en estudios bíblicos, teológicos y religiosos

Drew Baker

En las últimas dos décadas, el panorama de la publicación académica se ha visto transformado por el auge del acceso abierto (AA). Surgiendo inicialmente en las ciencias naturales y la medicina, el AA se ha extendido gradualmente a las humanidades y las ciencias sociales, transformando la forma en que se produce, difunde y consume el conocimiento. En su forma más básica, el AA se refiere a la disponibilidad gratuita y en línea de trabajos académicos, sin barreras de pago ni licencias restrictivas, y a menudo con permisos de reutilización que van más allá de la simple lectura. Para los estudios bíblicos, teológicos y religiosos, las implicaciones de este cambio son profundas. Los seminarios, cuya misión es tanto académica como eclesial, se encuentran en la encrucijada de este cambio. No solo producen investigación académica, sino que también la gestionan en nombre de las comunidades religiosas y del mundo en general. Este capítulo argumenta que los seminarios deberían adoptar la publicación en AA como un imperativo moral, pedagógico y misional, alineando la distribución de la investigación con los valores y responsabilidades de la educación teológica.

¿Qué es el acceso abierto?

El acceso abierto suele malinterpretarse, a veces se descarta como una moda editorial experimental o se confunde con prácticas cuestionables como las revistas "depredadoras". De hecho, el acceso abierto (OA) representa un movimiento sólido y con principios que comenzó con la Iniciativa de Acceso Abierto de Budapest (2002), seguida de la Declaración de Berlín (2003), que articularon la visión del acceso libre y sin restricciones a la literatura de investigación revisada por pares. Hoy en día, el acceso abierto se reconoce en múltiples formas: el acceso abierto dorado, donde los artículos están disponibles gratuitamente en el momento de la publicación, a menudo financiados mediante cargos por procesamiento de artículos (APC); el acceso abierto verde, donde los autores depositan versiones de su trabajo en repositorios institucionales o temáticos; y el acceso abierto diamante o platino, que ofrece becas sin costo para autores o lectores, generalmente financiadas por apoyo institucional o consorcial.

Históricamente, la investigación teológica se ha quedado rezagada respecto a las ciencias en la adopción del Acceso Abierto (AA), debido en parte a la menor escala de las publicaciones teológicas, la precariedad financiera de muchas editoriales teológicas y el persistente escepticismo sobre la calidad. Sin embargo, en la práctica, las revistas y monografías de AA están sujetas a los mismos estándares de revisión por pares, supervisión editorial y rigor académico que sus contrapartes basadas en suscripción. La diferencia fundamental no radica en la calidad, sino en la accesibilidad. Directorios globales como el Directorio de Revistas de Acceso Abierto (DOAJ) y el Directorio de Libros de Acceso Abierto (DOAB) dan testimonio del alcance y la vitalidad del movimiento de AA. Sirven como registros confiables de publicaciones revisadas por pares, lo que permite a académicos, estudiantes y bibliotecas identificar recursos confiables de AA con confianza. Para las disciplinas teológicas, que buscan cada vez más conectar con socios globales, estos directorios representan un medio vital de descubrimiento y difusión.

El caso del Acceso Abierto en los Estudios Teológicos y Religiosos

Compromisos éticos

La educación teológica existe para servir a las comunidades de fe y a la sociedad, no solo para impulsar el discurso académico. Por lo tanto, la investigación teológica conlleva una dimensión moral: su propósito es edificar, informar y equipar a las comunidades de fe de todo el mundo. En este sentido, restringir la investigación a quienes pueden costear suscripciones a revistas o monografías costosas socava el espíritu mismo del trabajo teológico. El Acceso Abierto derriba estas barreras, encarnando valores profundamente coherentes con los compromisos religiosos con la hospitalidad, la justicia y la libre difusión de la fe. Para los académicos y las instituciones moldeados por estos compromisos, el Acceso Abierto se convierte no solo en una opción pragmática, sino en una responsabilidad ética.

Beneficios pedagógicos

Los beneficios educativos del Acceso Abierto (AA) para los seminarios son igualmente significativos. Muchas bibliotecas teológicas, especialmente en instituciones pequeñas, no pueden costear suscripciones completas a revistas y monografías. Los estudiantes en el mundo mayoritario suelen tener un acceso aún más limitado, recurriendo a recursos obsoletos o incompletos. En cambio, el AA garantiza que la investigación de alta calidad esté disponible para todos, independientemente de la geografía o la riqueza institucional. El profesorado puede integrar los recursos de AA directamente en los programas de estudio, con la confianza de que los estudiantes tendrán acceso sin carga financiera. Además, el AA potencia el aprendizaje colaborativo: estudiantes y académicos pueden acceder al mismo conjunto de investigaciones de diferentes instituciones, continentes y tradiciones.

Dimensiones misionales

No debe pasarse por alto el aspecto misional de la publicación en Acceso Abierto (AA). Los seminarios existen no solo para el bien de sus propios estudiantes, sino también para las comunidades de fe y el mundo. La investigación en estudios bíblicos, teológicos y religiosos, cuando se pone a disposición del público, funciona como teología pública, llegando a pastores, líderes laicos y lectores laicos comprometidos. Esto es particularmente vital en contextos donde la educación teológica formal es escasa. Al adoptar el AA, los seminarios extienden su influencia más allá de los muros del campus, convirtiendo su investigación en una forma de servicio y testimonio en la misión más amplia de las comunidades de fe. La labor de la Biblioteca Abierta de Humanidades (ABH), que proporciona un modelo sostenible para las revistas de humanidades mediante la financiación consorciada de bibliotecas, ofrece un ejemplo particularmente relevante para las instituciones teológicas. Al eliminar las cuotas de autor y las barreras de suscripción, demuestra cómo las comunidades académicas pueden asumir colectivamente el coste de compartir el conocimiento, en consonancia con el espíritu colaborativo de la educación teológica.

Abordar los desafíos y las preocupaciones

A pesar de su potencial, el Acceso Abierto (AA) se enfrenta a verdaderos desafíos. Su economía sigue siendo compleja. El modelo de AA Oro suele depender de cargos por procesamiento de artículos (APC), que pueden resultar prohibitivos para académicos de instituciones con financiación insuficiente. Sin embargo, existen alternativas: algunas editoriales adoptan modelos de AA Diamante financiados por instituciones o consorcios de bibliotecas; otras fomentan el autoarchivo del AA Verde en repositorios. Empiezan a surgir soluciones creativas, como plataformas de publicación colaborativa entre seminarios. Por ejemplo, DTL Press (una iniciativa con raíces en la educación teológica) ofrece un modelo de publicación de AA Diamante específicamente para la investigación bíblica y teológica. Al aprovechar el apoyo institucional en lugar de los APC, pone la investigación teológica de calidad a disposición de un público global de forma gratuita.

Las preocupaciones sobre la calidad, aunque se expresan con frecuencia, son en gran medida infundadas. La revisión por pares sigue siendo fundamental para una publicación de acceso abierto de buena reputación, y las principales revistas y editoriales de acceso abierto en teología (por ejemplo, Open Theology o los sellos de acceso abierto de Brill y de Gruyter) han consolidado su credibilidad. El desafío no reside en el rigor académico, sino en la percepción: muchos profesores y administradores desconocen la amplitud y legitimidad de las opciones de acceso abierto. Directorios como DOAJ y DOAB desempeñan un papel crucial para contrarrestar esta percepción, ya que recopilan listas de publicaciones de acceso abierto verificadas y de alta calidad.

La sostenibilidad también es una preocupación clave. Las editoriales teológicas, especialmente aquellas con una larga trayectoria en la producción de monografías de alta calidad, se preocupan, con razón, por los flujos de ingresos en un entorno de Acceso Abierto (AA). Sin embargo, los modelos híbridos —que combinan la oferta de

AA con las ventas tradicionales o ofrecen patrocinios institucionales— demuestran que la sostenibilidad es posible. De hecho, al aumentar la visibilidad y el número de lectores, el AA puede potenciar, en lugar de disminuir, el impacto a largo plazo de las publicaciones teológicas.

El seminario como defensor y líder

Para que el Acceso Abierto se arraigue en los estudios bíblicos, teológicos y religiosos, los seminarios deben desempeñar un papel protagónico. Este liderazgo puede adoptar diversas formas. A nivel institucional, los seminarios pueden adoptar políticas que incentiven o exijan al profesorado depositar sus trabajos publicados en repositorios institucionales. Pueden integrar la concienciación sobre el Acceso Abierto en los programas de desarrollo del profesorado y reconocer las contribuciones del Acceso Abierto en los procesos de ascenso y titularidad.

Las bibliotecas, a menudo subestimadas en estas conversaciones, son aliadas esenciales para el avance del Acceso Abierto (AA). Las bibliotecas de seminario pueden gestionar repositorios, colaborar con consorcios y educar a estudiantes y profesores sobre los recursos de AA. También pueden proporcionar la infraestructura técnica necesaria para la preservación digital a largo plazo, garantizando así que la investigación en AA siga siendo accesible para las generaciones futuras.

Más allá de las políticas y la infraestructura, los seminarios pueden fomentar una cultura de apertura. Esto implica enmarcar el Acceso Abierto (AA) como una extensión de los valores teológicos, vinculando la libre difusión de la erudición con los dones de la fe. Significa animar al profesorado y al alumnado a ver el AA no como una carga, sino como una vocación: la vocación de poner su trabajo a disposición de quienes más lo necesitan. De este modo, los seminarios pueden sentar un precedente para el mundo académico en general, modelando cómo las instituciones pueden alinear las prácticas académicas con los valores fundamentales. Iniciativas como la Biblioteca Abierta de Humanidades y DTL Press demuestran que los seminarios y sus colaboradores no tienen por qué adoptar pasivamente las prácticas del AA, sino que pueden moldearlas activamente de forma coherente con su misión.

Conclusión

La transición al Acceso Abierto no es solo una cuestión técnica o financiera, sino también teológica e institucional. Para los seminarios, la adopción del Acceso Abierto representa la fidelidad a su misión: servir a las comunidades de fe, empoderar a los estudiantes y contribuir al bien común. Al hacer accesible la investigación académica a todos, independientemente de las barreras económicas o geográficas, el Acceso Abierto encarna los mismos valores que la educación teológica busca cultivar: justicia, generosidad, servicio y verdad.

Los seminarios se encuentran en un momento crucial. Pueden permanecer al margen de este cambio global, aferrándose a modelos editoriales obsoletos, o aprovechar la oportunidad para liderar, demostrando cómo la investigación académica puede ser excelente y abierta. Adoptar el Acceso Abierto (AA) no se trata simplemente de publicar; se trata de reimaginar la vocación de la investigación teológica para una era global y digital. Directorios como DOAJ y DOAB, infraestructuras como la Biblioteca Abierta de Humanidades e iniciativas teológicas como DTL Press muestran un camino viable. Representan un futuro en el que la investigación teológica no se encierra en un encierro, sino que se comparte libremente, para el florecimiento tanto de las comunidades de fe como del mundo académico.

Drew Baker (Ph.D., MLS) es el Director General y Director de Operaciones de la Biblioteca Teológica Digital (Digital Theological Library, DTL). El escrito sobre diversos temas, como la ética poscolonial, los metadatos generados por los usuarios y la religión en Estados Unidos. Es cofundador de la Biblioteca Teológica Digital. Es cofundador de la Biblioteca Teológica Digital.

La Biblioteca Teológica Digital (www.thedtl.org) es una organización sin fines de lucro, copropiedad de más de 100 seminarios. Su misión es ayudar a todos a participar en la reflexión autocrítica sobre su propia fe y a dialogar con personas de otras tradiciones. La DTL cumple esta misión mediante la gestión de recursos de biblioteca digital para sus instituciones miembro, profesionales religiosos y personas interesadas. La DTL también cumple esta misión mediante la publicación de contenido sobre estudios religiosos.

Sobre la actualidad y la sensatez de una biblioteca digital y colaborativa

Kyle Roberts

Recuerdo mi primer contacto profundo con un curso de seminario a distancia hace más de 25 años. Era esencialmente un curso por correspondencia: un conjunto de cintas de casete (conferencias grabadas) y un paquete de materiales de lectura, que incluía un programa de estudios e instrucciones para las tareas. No había interacción sincrónica, solo correspondencia entre el estudiante y el profesor por correo postal. Los estudiantes compraban sus libros de texto en la librería del seminario y los recibían por correo. También se utilizaban otros modelos más avanzados, como sistemas emergentes de gestión del aprendizaje y módulos de comunicación para estudiantes. Pero en aquel entonces, la educación a distancia, incluyendo el acceso a bibliotecas y libros, estaba claramente en la vanguardia.

La educación teológica ha estado en transformación durante décadas. Comencé a enseñar a tiempo parcial en un seminario mientras terminaba mi doctorado. La educación a distancia estaba aún en sus inicios, pero empezaba a demostrar que satisfacía una necesidad. Esa necesidad era, en aquel entonces, una excepción marginal para quienes no contaban con el tiempo y los recursos necesarios para desarraigarse, suspender sus trabajos y convertirse en estudiantes de tiempo completo en una comunidad de aprendizaje presencial. En las décadas transcurridas desde entonces, esa excepción se ha convertido en la norma. Si bien el número total de estudiantes en los seminarios de la ATS (Asociación de Escuelas Teológicas) en todo el país ha aumentado en los últimos 25 años, la demografía ha cambiado drásticamente. Esos estudiantes cursan menos créditos a la vez que en décadas anteriores. Toman cursos principalmente en línea, ya sea interactuando en vivo por video o en su tiempo libre a través de un sistema de gestión de aprendizaje. Y la mayoría, al parecer, ahora toman esos cursos dondequiera que vivan y trabajen.

Las experiencias de aprendizaje presenciales, de un día completo, se han reducido en gran medida, con estudiantes principalmente locales asistiendo a clases en el campus. El Seminario Teológico Unido de las Ciudades Gemelas, donde imparto docencia y soy decano, cuenta con una comunidad estudiantil creciente y vibrante. Sin embargo, esta comunidad está dispersa por todo el país e incluso el mundo. Según el último recuento, más del 70 % de los estudiantes de United viven fuera del área metropolitana de las Ciudades Gemelas. Esta tendencia no muestra signos de disminuir. Si bien mantenemos una comunidad local dedicada y dinámica, la comunidad de nuestro seminario está conectada en gran medida a través de medios digitales. Nos apoyamos en la tecnología para comunicarnos, interactuar, enseñar y aprender, compartir ideas, formar y ser formados. La historia de United se repite una y otra vez en todo el panorama de la educación en el seminario.

Lamentablemente, para muchos bibliófilos, el papel de la biblioteca física en esta nueva realidad ha cambiado. La biblioteca tradicional del campus, que antes era el centro de aprendizaje y vida de la comunidad estudiantil, ocupa un espacio proporcionalmente mayor, pero con una actividad e interacción cada vez menores. Los sistemas tradicionales de préstamo interbibliotecario cumplen una función importante. Pero cuando los estudiantes a distancia son la norma y no la excepción, el préstamo interbibliotecario físico resulta tedioso e ineficiente.

El Seminario Unido descubrió la Biblioteca Teológica Digital en un momento oportuno. ¿Cómo podemos aprovechar al máximo nuestros recursos para atender a nuestro cambiante grupo estudiantil? ¿Cómo podemos brindar acceso inmediato y fácil a recursos teológicos esenciales (libros, artículos, revistas) a los estudiantes en sus propios contextos de aprendizaje locales? La Biblioteca Teológica Digital brinda acceso a una enorme cantidad de recursos a nuestros estudiantes y profesores con solo unos clics, desde cualquier lugar.

El sistema digital no es perfecto. Requiere un cambio en las expectativas y sensibilidades estéticas. Muchos de quienes elegimos la educación teológica nos sentimos atraídos por la fisicalidad de los textos. Queremos hojear un libro o una revista, abrirlo, escanearlo rápidamente o asimilarlo lentamente. Podemos pasar al índice y volver a la página de referencia o a la página desgastada. Muchas de estas experiencias estéticas son cosa del pasado con la llegada a la era digital de los libros y la lectura. Pero en esta nueva era de la educación teológica, se gana más de lo que se pierde: el gran volumen al alcance de nuestros estudiantes y profesores; las funciones de búsqueda; la facilidad de "copiar y pegar" para almacenar información. Todas estas capacidades están transformando la forma en que leemos, investigamos, escribimos y pensamos. Estas transformaciones exigen reflexión teológica y análisis crítico. Pero resistirse al flujo constante de cambios en la forma de acceder a la información solo perjudicará a nuestros estudiantes y a su aprendizaje. La resistencia también irá en detrimento de nuestras instituciones, que requieren métodos ágiles, adaptables y eficientes para llegar a un grupo demográfico cambiante de estudiantes.

La Biblioteca Teológica Digital ofrece una forma sencilla de unirse a una comunidad de instituciones de formación teológica, compartiendo recursos para construir una biblioteca que ninguna de nuestras instituciones podría desarrollar por sí sola. No es ningún secreto que, en un sector donde las diferencias teológicas y la escasez de recursos contribuyen a la tendencia a la segregación y al aislamiento, nuestras bibliotecas han sido la excepción. Quienes las gestionan se preocupan por el conocimiento y el acceso al mismo, y se preocupan menos por los compromisos ideológicos y las divisiones teológicas. El compromiso compartido de aunar recursos para el acceso al conocimiento en un mercado cambiante es oportuno y sensato.

El Dr. Kyle Roberts actualmente se desempeña como vicepresidente de Asuntos Académicos y Decano en el Seminario Teológico Unido de las Ciudades Gemelas (United Seminary of the Twin Cities), donde también ocupa la Cátedra Schilling en Teología Pública y la Iglesia y la Vida Económica. Su formación académica incluye un Doctorado en Teología Bíblica y Sistemática de la Trinity Evangelical Divinity School, un MDiv del Seminario Teológico Bautista Midwestern y una Licenciatura en Filosofía y Literatura del Wheaton College. La beca de Roberts abarca Kierkegaard y la teología moderna, la ética social cristiana y la interpretación bíblica; es autor de *Emerging Prophet: Kierkegaard and the Postmodern People of God* y coautor de *Matthew: The Two Horizons Commentary.* En United, enseña cursos que van desde Teología Pública y Ética Cristiana hasta asignaturas optativas como Mal, Muerte y Alienación, Teología Histórica (período moderno) y Capstone Seminar.

El Seminario Teológico Unido de las Ciudades Gemelas es un seminario ecuménico progresista ubicado en St. Paul, Minnesota, arraigado en la tradición protestante liberal e históricamente afiliado a la Iglesia Unida de Cristo. Fundado en 1962 mediante la fusión del Seminario Mission House (Wisconsin) y la Escuela de Teología Yankton (Dakota del Sur), United funciona actualmente como una institución independiente y multidenominacional. El seminario ofrece títulos de posgrado, incluyendo la Maestría en Divinidad, la Maestría en Artes (p. ej., Religión y Teología, Liderazgo) y el Doctorado en Ministerio, y es reconocido por su énfasis en la justicia social, las artes, el diálogo interreligioso y la innovación teológica. Su misión es preparar líderes compasivos y creativos para las comunidades de fe y la sociedad, promoviendo la educación teológica hacia la justicia y la transformación.

El gran beneficio de la biblioteca teológica digital para la institución teológica totalmente en línea

Randall J. Pannell

La Nueva Escuela de Teología Bíblica (NSBT) es un entorno de aprendizaje visionario que prepara a hombres y mujeres para los desafíos ministeriales del primer cuarto del siglo XXI, especialmente considerando la diversidad cultural tanto en Norteamérica como en el mundo entero. Al ser una institución principalmente de maestría, es una institución completamente en línea con un formato de instrucción innovador. Los estudiantes en línea típicos de la NSBT no pueden trasladarse a estudiar en un aula tradicional. Su necesidad es permanecer donde están y poder completar sus requisitos de educación ministerial, que son la periferia de sus vidas. Un currículo en línea es su única opción.

La disponibilidad de una biblioteca teológica es fundamental para la formación teológica de maestría. Dada la disparidad de ubicaciones de los estudiantes de la NSBT, una biblioteca física no resulta práctica ni eficaz. En lo que respecta a la NSBT, no podríamos impartir los títulos sin la Biblioteca Teológica Digital (BDT).

La NSBT no podría existir, ni mucho menos prosperar, sin la Biblioteca Teológica Digital. Esta biblioteca no solo está disponible para los estudiantes de la NSBT a través del software de aprendizaje, sino que también es muy asequible tanto para la institución como para su alumnado.

Los volúmenes están disponibles en formato PDF para que los profesores puedan seleccionar información específica para las tareas sin que los estudiantes tengan que comprar libros completos que podrían no ser útiles para el currículo específico del curso. Como instructor, también es posible descargar fragmentos de textos en PDF e incorporarlos al curso, lo que proporciona acceso inmediato a información importante para tareas específicas del curso.

Mi disciplina doctoral principal y particular son las Lenguas y Literaturas Semíticas. El DTL me permite mantenerme al día con mi investigación y acceder a datos importantes sin necesidad de comprar libros para una sola referencia.

También fui parte de la Junta Directiva del DTL en el pasado, lo que me dio una gran idea de su integridad operativa, así como de la camaradería de otros educadores y administradores teológicos.

Considerando todo lo anterior, desde mi perspectiva, el principal beneficio para cualquier institución, especialmente las instituciones y programas en línea, es la disponibilidad de un amplio inventario de libros y artículos académicos y ministeriales. El DTL permite a muchas instituciones asociadas llegar a más estudiantes a nivel local e internacional con una gran cantidad de recursos primarios.

Mi amigo y colega de la NSBT, el Dr. Dale Irvin, compartió conmigo una perspectiva significativa sobre este mundo virtual de investigación y estudio. Añadió que, durante la última década, hemos visto un aumento constante de estudiantes en todos los programas teológicos, no solo en los que se ofrecen en línea, que optan por completo por recursos en línea para su investigación. El número de facultades de teología que ahora se han vuelto completamente virtuales se está multiplicando. Por ejemplo, en un modelo híbrido, como el Seminario Teológico de Chicago y McCormick, están implementando unidades residenciales cortas donde la mayor parte del trabajo del curso se realiza en línea. Esto significa que cada vez más estudiantes realizan la mayor parte, si no toda, su investigación en línea.

Incluso programas en campus con residencias y una biblioteca física a poca distancia, como el Seminario de Princeton, han visto a estudiantes optar por buscar recursos de investigación en línea. Desafortunadamente, estos estudiantes a menudo terminan en sitios web poco confiables, tanto que muchas instituciones han tenido que incorporar en su orientación a la investigación un componente sobre cómo evaluar y utilizar los recursos en línea para fines académicos teológicos críticos. El acceso de la NSBT a la biblioteca digital (DTL) ayuda a orientar a nuestros estudiantes en línea a un sitio académico confiable, sin temor a ser comprometidos.

Parte de la misión de la NSBT es ofrecer formación ministerial a quienes ya ejercen el ministerio y a quienes han sido llamados al ministerio dentro de la red de fundadores y asociados de la NSBT. La NSBT es una institución relativamente nueva. Actualmente, estamos en proceso de obtener acreditaciones que nos permitirán brindar educación teológica y ministerial a nuestros estudiantes en Estados Unidos y dentro de las redes ministeriales de la NSBT fuera de Norteamérica.

En las próximas décadas, veremos una expansión mucho mayor de la educación teológica en África, Asia y Latinoamérica. Como observa mi colega, el Dr. Irvin, "los modelos de educación teológica que buscan replicar fielmente el sistema de entrega de material del conocimiento existente que ha caracterizado a la academia occidental durante siglos, *la biblioteca,* son muy costosos de replicar en contextos de rápido desarrollo. Con demasiada frecuencia, las bibliotecas tradicionales están repletas de textos donados que las bibliotecas occidentales ya no necesitan, lo que requiere una cantidad excesiva de recursos locales para su mantenimiento, especialmente en climas más cálidos". Existe un creciente volumen de trabajo teológico que se realiza en África, Asia y Latinoamérica que, por lo general, no está disponible en Estados Unidos o Europa debido a la falta de conocimiento de las editoriales, las lagunas en las políticas de adquisición y la simple arrogancia.

Afortunadamente, Global DTL ha comenzado a abordar esta riqueza de conocimiento, aunque todavía de forma rudimentaria. Permite realizar búsquedas en portugués, español, francés y mandarín. Si bien aún no se han añadido muchos textos en estos idiomas, esto indica hacia dónde se dirige la educación teológica a nivel global. Varias importantes escuelas de teología con bibliotecas existentes han priorizado las adquisiciones del contexto global más amplio, pero no han logrado mantener el esfuerzo. En este ámbito, DTL, con su mayor flexibilidad y, con suerte, con recursos adicionales que abarcan otros idiomas como el mandarín, el coreano, el portugués o incluso el yoruba, podrá ayudar a acelerar la transformación global.

El DTL sirve como un puente importante entre las disciplinas más tradicionales y las formas de acceder al conocimiento para la investigación, y el nuevo entorno de comunicación, aprendizaje, investigación y conocimiento en línea. Como estudioso del hebreo y del Antiguo Testamento, hace décadas di el salto al omnipresente mundo del aprendizaje en línea. Al principio, fue difícil mantener las estructuras tradicionales de los estudios bíblicos y la erudición bíblica, con una fuerte orientación textual, a la vez que se abrazaba el nuevo y emergente mundo del aprendizaje y la educación teológica en línea. El DTL no solo permite alternar entre estos mundos; facilita el proceso. He observado que, una vez que uno se adentra en el DTL, tiende a migrar fácilmente a otras plataformas de aprendizaje en línea.

Mi colega, el Dr. Irvin, comenta que, en su experiencia personal, se mostró reacio a crear su propia biblioteca en línea hasta que comenzó a interactuar con la Biblioteca Digital de Teología (DTL) a través de la NSBT. Descubrió la enseñanza y el aprendizaje en línea hace dos décadas, pero mantuvo un fuerte compromiso con el libro físico. Una vez que empezó a trabajar con la DTL, la transición del libro impreso a la pantalla del ordenador fue fluida. Se vio obligado a buscar copias digitales de otros textos que utilizaba habitualmente. En un año, había descargado más de 500 libros, revistas y artículos. Ahora ha donado casi toda su biblioteca teológica en volúmenes impresos, recopilada a lo largo de cuatro décadas. Afirma que ya no necesita las copias impresas tradicionales. "La DTL ha sido un puente para mí en este sentido", afirma.

En NSBT consideramos que la Biblioteca Teológica Digital es uno de los grandes activos para ayudar a la Nueva Escuela de Teología en línea a cumplir su misión dentro del contexto del cristianismo global en el siglo XXI.

El Dr. Randall Pannell tiene un doctorado del Seminario Bautista del Suroeste en Literatura del Antiguo Testamento y Lenguas Semíticas. Ha impartido docencia en Antiguo Testamento, hebreo, arameo y otras lenguas semíticas, tanto en Latinoamérica (principalmente en Buenos Aires, Argentina) como en diversas instituciones de Estados Unidos. Además de su labor docente, se ha desempeñado como Director Académico en diversas instituciones, incluyendo actualmente la Nueva Escuela de Teología Bíblica. Sus principales intereses de investigación han sido la mejora de la utilidad de las Escrituras, especialmente el Antiguo Testamento, en la iglesia y el fortalecimiento del liderazgo en la iglesia local, especialmente entre los plantadores de iglesias. Tras haber vivido y enseñado en Latinoamérica durante varios años, estos intereses se extienden actualmente a la iglesia latina en San Antonio, Texas.

La **Nueva Escuela de Teología Bíblica** (New School of Biblical Theology, NSBT) es un entorno de aprendizaje visionario que prepara a hombres y mujeres para los desafíos ministeriales del primer cuarto del siglo XXI, especialmente considerando la diversidad cultural tanto en Norteamérica como en el mundo entero. Hoy más que nunca, es vital una comprensión integral de la Biblia, junto con la capacidad efectiva para interpretarla y ministrar en las diversas culturas contemporáneas. La misión de la NSBT es fomentar el crecimiento espiritual de sus graduados, preparándolos para responder al llamado de Cristo al ministerio y la misión en el mundo actual. La visión central de la NSBT es responder a la apremiante necesidad de líderes con formación bíblica para influir en la cultura, explorando la conexión entre la fe y la cultura cristianas.

Conectando la transformación institucional y la toma de decisiones
Cómo convertirse en uno de los primeros en adoptar la Biblioteca Teológica Digital

Charisse L. Gillett

Recuerdo la biblioteca de mi infancia con cariño y nostalgia. La Biblioteca de Stoney Island, al sur de Chicago, fue un faro de esperanza y transformación mientras intentaba acceder y comprender el mundo que me rodeaba y más allá. Los libros y las revistas, junto con la tranquilidad y la quietud del lugar, hicieron de esta biblioteca uno de mis lugares favoritos de la infancia. Me encantaba mirar los títulos de los libros, hojear las revistas y simplemente sentarme a leer. Buscar un título en el catálogo de tarjetas o echarle un vistazo antes de sacar un libro era parte de la experiencia. Esta biblioteca de barrio se mantiene fiel a su importante misión de brindar aprendizaje, educación y conocimiento a la comunidad. El funcionamiento de la biblioteca y los recursos y servicios disponibles para la comunidad han cambiado con el tiempo. Es un cambio que también se refleja en la comunidad del seminario al que sirvo.

Mi amor por el aprendizaje y la biblioteca de mi infancia ocupan un lugar especial en mi mente y mi corazón. Estos recuerdos están conectados con mi sentido de comunidad, familia, intelecto, esperanzas y sueños para mí y mi comunidad. La Biblioteca Bosworth Memorial del Seminario Teológico de Lexington mantuvo el mismo tejido conectivo para muchos graduados, profesores y personal del Seminario, y miembros de la comunidad de Lexington. La Biblioteca Bosworth expandió la presencia del Seminario en el área de Lexington y conectó a los estudiantes con su llamado a servir a Dios. Los libros, revistas, monografías, imágenes, pinturas y recursos de la biblioteca representaban un lugar sagrado. En medio de una notable transformación institucional que comenzó en 2010, el Seminario y su liderazgo lucharon por transformar la biblioteca para satisfacer las necesidades de los estudiantes que accederían a ella. Servicios a distancia. Los problemas que se plantearon al Consejo Directivo, al profesorado y a la dirección del Seminario fueron los costos actuales y futuros; el acceso estable a los recursos en línea para todos los estudiantes, con especial atención a quienes viven en zonas remotas; honrar el legado de quienes cuidaron la biblioteca; y el impacto de la reubicación del Seminario en el acceso a los recursos por parte de estudiantes, profesorado y usuarios de la biblioteca.

El Seminario Teológico de Lexington del pasado se basa en su historia de origen para brindar educación teológica a pastores y laicos en comunidades emergentes de la tradición Stone - Campbell. Este La tradición gira en torno al dicho: "No hay credo sino Cristo; no hay libro sino la Biblia". En 2013, LTS lidiaba con una declaración de urgencia financiera, dos demandas del profesorado por discriminación, una cultura institucional fracturada, la venta del campus y las propiedades adyacentes, la reubicación del campus y un currículo basado en competencias, emocionante pero aún no probado. En medio de esta situación, el bibliotecario se acercó al Vicerrector de Asuntos Académicos y al Decano con la idea de adquirir recursos bibliotecarios a través de la Biblioteca Teológica Digital (DTL), también aún no probada. La pregunta para el

VPAA, el Decano, el Profesorado y el presidente era, en medio de un cambio tremendo, ¿podría LTS gestionar y comunicar la necesidad y el valor de otra idea aún no probada? ¿Esta nueva versión de la biblioteca impulsaría a la facultad hacia espacios de innovación y transformación? Y, de ser así, ¿cuál sería el resultado probable?

Es útil recordar que, antes de la COVID-19, la adopción de una plataforma en línea como modelo pedagógico fundamental para la educación teológica se recibía con escepticismo, y un modelo educativo teológico basado en competencias se recibía con aún menos aprecio. En este contexto pre-COVID, la educación en línea y el DTL tuvieron pocos pioneros. El Seminario Teológico de Lexington, al afrontar el cambio en múltiples niveles, fue uno de ellos.

La bibliotecaria Dolores Yilibuw fue una firme defensora del DTL. Comprendió casi de inmediato que el componente en línea del nuevo currículo y la diversidad geográfica de la comunidad estudiantil transformarían los servicios bibliotecarios y multiplicarían por diez las formas en que los estudiantes accedían a los recursos en línea. Como institución no residencial, era fundamental brindar a estudiantes, profesores, personal y usuarios opciones de recursos viables y confiables. En resumen, los cambios en el modelo educativo del Seminario requerirían cambios en la forma en que los estudiantes, profesores y usuarios prestaban los servicios bibliotecarios y cómo estos accedían a ellos. Surgieron cinco oportunidades para conectar la transformación con la toma de decisiones.

1. **Conectar** la solicitud de unirse a la DTL requirió comunicar la realidad de que la biblioteca, al igual que otros aspectos de la vida institucional, estaba cambiando y que muy poco podía detener los cambios que se avecinaban. La DTL, al igual que la

educación teológica en línea, era desconocida en aquel momento, pero, como sabemos ahora, ambas eran, de hecho, modelos para el futuro.
2. **Conectar** la decisión de ser pionero en la adopción de DTL significó conectarla con la historia y el origen del Seminario como precursor institucional. Fundado en 1865, LTS fue la primera escuela teológica de posgrado en alianza con la Iglesia Cristiana (Discípulos de Cristo); fue una de las primeras en matricular y contratar mujeres en el profesorado; y fue una de las primeras en apoyar y adoptar los principios de lo que hoy es la Comisión de Acreditación de la Asociación de Escuelas Teológicas. En la era moderna, el Seminario fue una de las primeras instituciones en adoptar la educación presencial, migrar a la educación en línea y nombrar a una mujer afroamericana como directora ejecutiva. En otras palabras, los líderes y tomadores de decisiones del Seminario Teológico de Lexington históricamente eran personas que asumían riesgos.
3. **Implementarla** implicó comprender las prácticas y políticas actuales de recolección. Esta conversación puso de relieve la realidad de que, en 10 años, el Seminario necesitaría nuevos socios para acceder a la tecnología necesaria para satisfacer las necesidades de una comunidad teológica que, de repente, tuvo que acceder a recursos principalmente en línea.
4. **Tomar** la decisión de ser pionero en la adopción del DTL implicó arriesgarse y avanzar sin responder preguntas importantes. Muchas de las preguntas sobre presupuesto, prácticas de adquisición y el número de bibliotecas que podrían unirse a la nueva

iniciativa bibliotecaria eran incontestables. El DTL, para la comunidad LTS, era otro experimento aún no probado para el bibliotecario jefe del Seminario; era una idea a la que le había llegado su momento. Simplemente necesitaba tiempo para madurar. Participar en esta iniciativa era un riesgo que solo el tiempo podría confirmar.

5. **Conectar** la decisión de convertirse en uno de los primeros en adoptar el DTL significó vincular las decisiones con la misión del Seminario de preparar líderes fieles para la misión de Dios en el mundo y nuestras esperanzas institucionales para el Seminario Teológico de Lexington.

La Biblioteca Conmemorativa Bosworth de hoy, al igual que la biblioteca de mi juventud, es un vibrante centro de aprendizaje sustentado por la tecnología actual. Esta tecnología conecta las bibliotecas con quienes la necesitan y permite el acceso a recursos para comunidades que se expanden más allá de las fronteras tradicionales. La comunidad geográficamente dispersa de LTS continúa contando con el apoyo de una biblioteca que ofrece materiales que incentivan una profunda reflexión teológica, conversaciones impulsadas por académicos y encuentros significativos entre lo que se sabe de Dios y lo que debemos aprender en las aulas.

La Dra. Charisse L. Gillett se convirtió en la decimoséptima presidenta del Seminario Teológico de Lexington en 2011. Ha liderado la institución en un período de transformación en la educación teológica, la vida organizativa del seminario y los cambios en la cultura política y social. Es miembro de la Junta Directiva de ATS y presidenta de la Junta Directiva del Centro In Trust para Escuelas Teológicas, y está trabajando en una serie de ensayos sobre la transformación institucional.

El Seminario Teológico de Lexington (Lexignton Theological Seminary, LTS), fundado en 1865 en Lexington, Kentucky, es una institución teológica de posgrado afiliada a la Iglesia Cristiana (Discípulos de Cristo) que persigue una identidad ecuménica. Está acreditado por la Asociación de Escuelas Teológicas y ofrece diversos programas de grado, incluyendo la Maestría en Divinidad (M.Div.), la Maestría en Estudios Teológicos (MTS), la Maestría en Estudios Pastorales (MPS) y el Doctorado en Ministerio (D.Min.). El Seminario de Lexington prioriza una educación flexible, basada en competencias y centrada en la congregación, especialmente a través de formatos en línea, híbridos e intensivos, diseñados para integrar la formación teológica con contextos ministeriales reales.

Seminarios Globales Empoderadores
Publicación de acceso abierto mejorada con IA a través de DTL Press

Thomas E. Phillips

Introducción

La educación teológica depende de los libros de texto. Estos moldean la experiencia en el aula, guían a los estudiantes hacia nuevas disciplinas y transmiten la sabiduría acumulada de las tradiciones académicas. Sin embargo, los libros de texto de teología y religión suelen ser prohibitivamente caros, lo que deja a muchos estudiantes y seminarios con recursos limitados o desactualizados. Los altos costos restringen el acceso, mientras que los lentos ciclos de publicación retrasan la disponibilidad de nuevos conocimientos.

DTL Press, fundada bajo la organización sin fines de lucro Biblioteca Teológica Digital (DTL), aborda esta crisis directamente. Su misión es clara: crear y distribuir libros de texto asequibles y de alta calidad para la educación teológica, disponibles gratuitamente para cualquier persona en el mundo. Al combinar la filosofía de la publicación de acceso abierto con las ventajas prácticas de la inteligencia artificial, DTL Press está transformando la forma en que se producen y comparten los recursos teológicos. Este capítulo explora cómo el modelo de DTL Press garantiza una educación teológica más accesible, más asequible y, en definitiva, de mejor calidad.

DTL Press como modelo para la publicación de acceso abierto

A diferencia de las editoriales comerciales, cuyos precios de libros de texto a menudo los ponen fuera del alcance de estudiantes y seminarios, DTL Press opera como una organización sin fines de lucro con una misión pedagógica. Cuenta con el apoyo de un grupo de seminarios comprometidos a proporcionar recursos para la educación teológica global. Su programa editorial se centra en el desarrollo de libros de texto —introductorios, intermedios y avanzados— que puedan utilizarse en aulas de todo el mundo.

Todos los títulos se publican en formatos digitales de acceso abierto, lo que garantiza descargas gratuitas para estudiantes y profesores. Para quienes prefieren copias físicas, los servicios de impresión bajo demanda las ofrecen a un coste mínimo. Al aprovechar la IA en la traducción, edición y composición tipográfica, DTL Press puede producir estos libros de texto de forma eficiente y a gran escala, manteniendo la calidad y el rigor que se esperan de la investigación académica.

Accesibilidad: Ampliando el alcance global

Los libros de texto solo son útiles si los estudiantes pueden acceder a ellos. Con demasiada frecuencia, la educación teológica en el Sur Global o en seminarios con financiación insuficiente en el Norte se ha visto limitada por la imposibilidad de adquirir los textos necesarios. DTL Press rompe este círculo vicioso al garantizar que cualquier estudiante, en cualquier lugar, pueda acceder a sus libros de texto sin costo alguno.

La IA amplía esta accesibilidad mediante la traducción rápida al inglés, español, francés, portugués, criollo haitiano y otros idiomas, lo que permite que un mismo libro de texto esté disponible para diversos grupos estudiantiles de todo el mundo. Imagine una clase de seminario en Nigeria y otra en Brasil trabajando con el mismo texto de teología, cada una en su propio idioma, sin la carga de costos prohibitivos. Este acceso multilingüe y sin barreras ejemplifica la misión de DTL Press.

Asequibilidad: Reducción de costos para estudiantes e instituciones

La crisis de asequibilidad en la educación teológica es particularmente grave en lo que respecta a los libros de texto. Un solo volumen obligatorio puede costar a los estudiantes más de lo que razonablemente pueden permitirse, y las bibliotecas a menudo no pueden cubrir las suscripciones ni las compras para todos los cursos.

DTL Press aborda directamente este desafío al garantizar que sus libros de texto sean gratuitos en formato digital y económicos en formato impreso. Los estudiantes pueden descargar los textos básicos de los cursos sin problemas económicos, y los seminarios pueden planificar sus planes de estudio sabiendo que las lecturas obligatorias están disponibles para todos. Esto no solo ofrece igualdad de oportunidades para estudiantes de diferentes niveles económicos, sino que también permite a los profesores asignar trabajos de alta calidad sin preocuparse por las barreras económicas.

La IA contribuye a reducir los costos de producción. Las herramientas automatizadas de maquetación, edición y traducción garantizan que DTL Press pueda producir libros de texto sin los gastos generales que inflan los precios en la publicación tradicional. El resultado es un modelo sostenible donde la asequibilidad y la calidad se refuerzan mutuamente.

Mejorar la calidad mediante la colaboración

Asequible no significa inferior. DTL Press se compromete a producir libros de texto de alta calidad que cumplan con los estándares académicos y de utilidad pedagógica. La inteligencia artificial facilita este proceso gestionando tareas como la verificación de coherencia, el formato y la adaptación multilingüe, pero el trabajo intelectual y teológico queda en manos de los académicos.

El modelo colaborativo de la Editorial garantiza que cada libro de texto se desarrolle bajo la guía de académicos experimentados y con revisión por pares. Por ejemplo, la serie "Fundamentos Teológicos" utiliza la redacción asistida por IA para acelerar la producción, pero requiere una estrecha supervisión por parte de teólogos que moldean, perfeccionan y aprueban el contenido. Esta colaboración permite la eficiencia sin comprometer la profundidad académica. De este modo, los estudiantes reciben libros de texto que no solo son asequibles, sino también académicamente sólidos y pedagógicamente sólidos.

Velocidad y capacidad de respuesta

Los libros de texto también deben ser oportunos. Los cursos evolucionan a medida que surgen nuevas preguntas, ya sea en interpretación bíblica, ética o teología, y los estudiantes necesitan acceso a recursos que reflejen los debates contemporáneos. Los ciclos de publicación tradicionales, que a menudo se extienden durante años, dejan a las aulas rezagadas.

Gracias a flujos de trabajo asistidos por IA, DTL Press puede producir libros de texto con mayor rapidez. La edición, composición tipográfica y traducción se pueden completar en meses en lugar de años, lo que permite a los seminarios responder con agilidad a los problemas emergentes. Los profesores pueden asignar libros de texto actuales y accesibles, garantizando que los estudiantes accedan a la mejor información académica en tiempo real.

Escalabilidad entre tradiciones y contextos

Los libros de texto deben ser accesibles para diversos públicos, no solo para estudiantes de Norteamérica o Europa. DTL Press diseña sus libros de texto con la escalabilidad en mente. Gracias a la publicación multilingüe y la adaptación cultural, sus obras pueden utilizarse en seminarios de distintas tradiciones, denominaciones y regiones.

La IA hace posible esta escalabilidad. Un libro de texto fundamental para los estudios del Nuevo Testamento, por ejemplo, puede adaptarse rápidamente al español, portugués o francés, lo que lo hace igualmente valioso en seminarios de Latinoamérica, África Occidental o Europa. Al adaptarse a diferentes tradiciones y contextos, DTL Press garantiza que la educación teológica se enriquezca con recursos comunes, a la vez que se adapta a las diversas necesidades.

Empoderando a autores y académicos de todo el mundo

La creación de libros de texto no debería limitarse a un puñado de académicos en instituciones con recursos suficientes. DTL Press facilita la lectura y la publicación de libros de texto a todos los académicos, independientemente de su ubicación (ya sea en países desarrollados o en desarrollo). Al ofrecer apoyo editorial y tecnológico, la editorial permite a académicos de regiones subrepresentadas contribuir con libros de texto que reflejen sus contextos y perspectivas.

La IA reduce las barreras al facilitar la traducción y el formato, mientras que el modelo de acceso abierto garantiza que estos libros de texto lleguen a estudiantes de todo el mundo. Un libro de texto de teología sistemática escrito por un académico keniano o un texto de teología pastoral escrito por un teólogo brasileño ahora puede circular globalmente, enriqueciendo las aulas con voces a menudo excluidas de los canales editoriales tradicionales.

Alineación institucional y misión

Para los seminarios, invertir en la producción de libros de texto a través de DTL Press no es solo una decisión pragmática; es una expresión directa de su misión. Los seminarios existen para formar líderes para las comunidades de fe y para brindar a los estudiantes las herramientas necesarias para el ministerio y la investigación. Al producir libros de texto asequibles y de alta calidad, DTL Press fortalece esta misión.

Dado que DTL Press se basa en la infraestructura sin fines de lucro de la Biblioteca Teológica Digital y cuenta con el apoyo de un grupo de seminarios, está alineada con el propósito común de hacer que la educación teológica sea ampliamente accesible. Sus libros de texto representan el doble compromiso del seminario con el rigor académico y el servicio a las comunidades de fe globales.

Construyendo Infraestructura Compartida

El éxito de DTL Press se basa en un compromiso compartido. Al aunar recursos y experiencia de varios seminarios, la Biblioteca Teológica Digital ya ha ampliado el acceso a recursos académicos. DTL Press amplía esta visión creando una plataforma de publicación compartida para libros de texto.

Esta infraestructura colaborativa reduce los costos para las instituciones individuales y multiplica los beneficios para todos. Demuestra que, cuando los seminarios trabajan juntos, pueden producir libros de texto asequibles, excelentes y de acceso global, algo que ninguna institución podría lograr fácilmente por sí sola.

Educación teológica orientada al futuro

Los libros de texto son fundamentales para la educación teológica, y el futuro exige que sean asequibles, accesibles y adaptables. El modelo de acceso abierto de DTL Press, mejorado con inteligencia artificial, posiciona a los seminarios para satisfacer esta demanda. Los estudiantes de hoy —y los pastores, capellanes y académicos en los que se convertirán— necesitan aprender en un mundo donde los recursos digitales son abundantes, pero están distribuidos de forma desigual.

Al modelar un enfoque prospectivo para la publicación de libros de texto, DTL Press demuestra que los seminarios pueden preservar la integridad de la investigación teológica y adoptar métodos innovadores. El resultado es una educación teológica no solo actual, sino también equitativa, global y con un propósito misionero.

Conclusión

La integración de la publicación de acceso abierto con flujos de trabajo de IA, como lo demuestra DTL Press, representa un gran avance en la creación de libros de texto teológicos. Al producir libros de texto asequibles y de alta calidad, accesibles para estudiantes de todo el mundo, DTL Press aborda una de las necesidades más urgentes de la educación teológica. Amplía el acceso, reduce costos, garantiza la calidad académica, empodera a académicos de todo el mundo y fortalece la misión de los seminarios.

Para los administradores de seminarios, el mensaje es claro: apoyar iniciativas como DTL Press no se trata simplemente de adoptar nuevas tecnologías, sino de cumplir la misión misma de la educación teológica. Al adoptar la publicación de acceso abierto optimizada con inteligencia artificial, ampliamos el alcance de nuestras aulas, capacitamos a los estudiantes sin sobrecargarlos económicamente y garantizamos que la educación teológica siga siendo un don al alcance de todos.

Nota: Este artículo fue creado por IA en menos de 30 minutos de ingeniería rápida. Para más información sobre el uso de la IA en la educación teológica, véase Thomas E. Phillips, *IA para la educación teológica* (El Cajón: DTL Press, 2025) y Heather Shellabarger, *La IA y la Pedagogía Teológica* (El Cajón: DTL Press, 2025).

DTL Press es el editor de este y muchos otros títulos de acceso abierto en varios idiomas diferentes. *www.DTLPress.org*.

Epílogo

Al concluir esta colección, agradecemos las voces aquí representadas. Cada ensayo refleja la voluntad de lidiar con la tensión entre lo que ha sido y lo que podría ser. Los autores se han inspirado en las tradiciones que nos fundamentan, han identificado los desafíos que enfrentamos y han ofrecido experimentos que nos impulsan a imaginar futuros alternativos.

Como editores, apreciamos la apertura a la posibilidad que impregna estas reflexiones. Una y otra vez, los ensayos nos recuerdan que la educación teológica no es estática, sino que está en constante evolución, moldeada por las personas y las comunidades que la practican. La variedad de perspectivas aquí reunidas subraya que no existe un único camino a seguir, sino un deseo compartido de servir fielmente en tiempos de disrupción y cambio.

En nuestras interacciones con los colaboradores, también encontramos conversaciones que giraban en torno a algo que rara vez aparecía directamente en los ensayos. Tras las reflexiones escritas se escondía una lucha más profunda con los supuestos que configuran la propia educación teológica. Los autores a menudo hablaban del peso de las expectativas de los organismos de acreditación, las tradiciones denominacionales y las historias institucionales. Estos supuestos sobre qué es el aprendizaje y cómo debería llevarse a cabo siguen configurando la forma en que imaginamos tanto las prácticas actuales como las posibilidades futuras. Incluso al buscar la innovación, es fácil mantener los mismos marcos que esperamos reimaginar. Greg Henson se ha referido a esta dinámica como Formación Organizacional, una forma de nombrar cómo las propias organizaciones se ven continuamente moldeadas por los supuestos y prácticas que encarnan. Las conversaciones futuras deben profundizar en estas realidades, yendo más allá de los ajustes a los métodos y modelos hacia un análisis más profundo de los supuestos que las guían silenciosamente.

     Esperamos que los lectores consideren estas reflexiones como una invitación a continuar la conversación. Los ensayos aquí presentados abren puertas importantes, pero aún queda trabajo por hacer. Esperamos ver cómo otros abordarán estas preguntas, las pondrán en práctica y profundizarán aún más en las posibilidades de la educación teológica.

GH
TEP

Bibliografía

Bessel van der Kolk, *The Body Keeps the Score*. London: Penguin, 2014.

Cannell, Linda M. "Theology, Spiritual Formation and Theological Education: Reflections Toward Application." *Life in the Spirit: Spiritual Formation in Theological Perspective*. Edited by Jeffrey P. Greenman and George Kalantzis. Downers Grove, IL: InterVarsity Press, 2010.

_____. *Theological Education Matters: Leadership Education for the Church*. Newburgh, IN: EDCOT Press, 2006.

Gans, Joshua. *The Disruption Dilemma*. Cambridge: MIT Press, 2017.

Glanzer, Perry L. "Are You Trying to Create Experts or Mentor Students toward Excellence? The Two Are Not the Same." *Christian Scholar's Review* (blog), September 3, 2025. https://web.archive.org/save/https://christianscholars.com/are-you-trying-to-create-experts-or-mentor-students-toward-excellence-this-fall-the-two-are-not-the-same/

Gonzalez, Justo L. *The History of Theological Education*. Nashville: Abingdon, 2015.

Kalsched, Donald. "Revisioning Fordham's 'Defences of the Self' in Light of Modern Relational Theory and Contemporary Neuroscience." *The Journal of Analytical Psychology* 60.4 (2015): 477-80.

Keller, Catherine. *Face of the Deep: A Theology of Becoming*. New York and London: Routledge, 2003.

Miller, Lisa. *The Awakened Brain*. Dublin: Allen Lane, 2021.

Phillips, Thomas E. *AI and Theological Education* (El Cajon: DTL Press, 2025)

Pui-lan, Kwok. *Postcolonial Imagination and Feminist Theology.* Louisville: Westminster John Knox Press, 2005.

Severan, A. *Metamodernism and the Return of Transcendence.* Amazon CreateSpace: 2021.

Shaw, Perry. *Transforming Theological Education: A Practical Handbook for Integrative Learning.* 2nd ed.; Carlisle, Cumbria: Langham Publishing, 2022.

Shellabarger, Heather. *AI and Theological Pedagogy: A Bloom's Taxonomy Approach for Graduate Seminaries* (El Cajon: DTL Press, 2025).

Smith, Ted A. *The End of Theological Education.* Grand Rapids: Eerdmans, 2023.

Sun, Chloe T. *Attempt Great Things for God: Theological Education in Diaspora.* Grand Rapids: William B. Eerdmans Publishing Company, 2020.

Sweet, Leonard. *Rings of Fire: Walking in Faith through a Volcanic Future.* Colorado Springs: NavPress, 2019.

Vermeulen, Timotheus and Robin van den Akker. "Notes on Metamodernism." *Journal of Aesthetics and Culture* 2.1 (2010): 56-77.

Westhelle, Vitor. *Eschatology and Space: The Lost Dimension in Theology Past and Present.* New York: Palgrave Macmillan, 2012.

www.ingramcontent.com/pod-product-compliance
Lightning Source LLC
Chambersburg PA
CBHW070644160426
43194CB00009B/1575